PETER GROHMANN

SURVIVAL FÜR ELTERN

Überlebenstips
für genervte Erziehungsberechtigte
und was Kinder daraus
lernen können

Mit Illustrationen von
Martin Pfaender

Originalausgabe

WILHELM HEYNE VERLAG
MÜNCHEN

HEYNE ALLGEMEINE REIHE
Nr. 01/8466

Redaktion: Bettina Bartz

Printed in Germany 1992
Umschlagillustration: Bernd Pohlenz, Berlin
Umschlaggestaltung: Atelier Ingrid Schütz, München
Satz: Schaber Datentechnik, Wels
Druck und Bindung: Ebner Ulm

ISBN 3-453-05683-3

INHALT

Liebe Leserin, lieber Leser, mir ist nicht ganz klar, wie Sie ausgerechnet an *dieses* Buch geraten sind. Haben Sie's vielleicht geschenkt bekommen? Falls Sie aber selbst für Erwerb oder Besitz verantwortlich sind, seien Sie bitte mal einen Augenblick ganz ehrlich:

War's der Titel? Oder etwa der Verlag? Haben Sie möglicherweise die obszönen Zeichnungen des Karikaturisten Martin Pfaender animiert? Alles negativ? Dann bleibt nur der Autor übrig. In diesem Fall sage ich Ihnen als Betroffener: Sie haben sich ganz gewaltig vergriffen! Hätten Sie sich nicht was anderes kaufen können? Ein Buch über Wale oder Katzen oder einen Ratgeber für Autoreparaturen meinetwegen? Warum? Na, ich kenn' Sie doch! Leute wie Sie erwarten vom Autor die exakte Beantwortung von Fragen, die nie gestellt wurden, aber ins Intimste gehen! Leute wie Sie gehen davon aus, daß ich als Autor über Sie, Ihre Kinder und Ihre gemeinsamen Probleme bestens informiert bin. Leute wie Sie hetzen einem, wenn keine befriedigende Antwort kommt, schließlich die eigenen Kinder auf den Hals. Entschuldigen Sie bitte: Leute wie Sie verunsichern mich.

Wenn's nach mir ginge, würde ich mir ganz andere Leserinnen und Leser wünschen. *Meinen* Leserinnen und Lesern müßte es um substantielle Erziehungs- und Lebensfragen gehen! Ihnen käme mit diesem ›Survival für Eltern‹ ein ehrlicher, ein offener Ratgeber ins Haus, eine Art Erste-Hilfe-Koffer, der von der Wiege bis zur Bahre Bestand hätte — ein Buch, das Männer heimlich unter der Bettdecke lesen würden, das Schwiegertöchter Schwiegermüttern mit schrägem Blick auf den Gabentisch legten, ja, ein Buch, nach dessen Lektüre dankbare

Mütter und Väter demonstrativ, aber gewaltfrei den Friedenspreis des Deutschen Buchhandels für mich fordern würden, ein Buch schließlich, das Kinder und Jugendliche zu Tränen der Dankbarkeit rühren könnte, sie zur Umkehr zwänge, weil sie endlich wüßten, was sie an ihren Eltern hätten.

Nun also nehme ich mit Ihnen vorlieb: Mütter und Väter, die nach Hilfe lechzen, Kids, die endlich am vollen Leben partizipieren wollen, Menschen wie du und ich, die wissen, daß Pfifferlinge heute teurer sind als mancher gute Rat, als mancher Tip, der fast jedes Kapitel dieses Buches krönt und abschließt. Als heimliches Motto, aber auch als Warnung stelle ich diesem Ratgeber einen wunderbaren Vers voran:

»Der schönste Platz, den ich auf Erden hab',
das ist die Rasenbank am Elterngrab ...«

Peter Grohmann

Wenn Sie nach der Lektüre dieses Buches verbittert, empört oder enttäuscht sind: Keine Kurzschlußhandlungen! Schenken Sie ein unbeschädigtes Exemplar Ihren persönlichen Feinden.

Lohnen sich Kinder überhaupt?

Manchmal nagen Zweifel an uns, verdammt tiefe Zweifel. Ist diese Welt überhaupt für Kinder gemacht und ist sie die Kinder wert? Und wir selbst? Ahnen wir denn überhaupt, was da alles auf uns zukommen kann, ja, was sogar Tag für Tag schon auf uns zukommt oder wenigstens unterwegs ist? Ist uns klar, welche Opfer plötzlich fällig werden, von einem Tag auf den anderen? Sind wir uns bewußt, daß wir unser ganzes bisheriges Leben radikal ändern müssen, daß tiefe, schmerzhafte Eingriffe notwendig sind? Was heute noch zu den selbstverständlichen Dingen des Lebens gehört, ausgehen, Gäste, Ausflüge, bis in die Puppen ausschlafen, wenn uns danach ist — all das wird fortan tabu sein. Na schön, sagen Sie sich — ›sie‹ wollte es ja nicht anders (oder er). Am fatalsten sind allerdings Ängste und Ahnungen, etwa, wenn ganz im Hinterkopf eine bislang verdrängte Frage auftaucht, die wir bislang verdrängen konnten: Um Himmels willen — was das alles kosten wird ...

Aber derlei nebensächlichen Problemen stellen wir uns meist erst dann, wenn es längst zu spät ist: »Schon unterwegs«, wie es in Spanien so schön heißt. Doch blicken wir den Dingen, die da kommen mögen, ruhig, kühl und gelassen rechnend ins Gesicht — es werden ja nicht immer gleich Zwillinge.

Um bei den Kosten zu bleiben: In den ersten Monaten geben Sie Ihrem Kind einfach die Brust, da sparen Sie am meisten. Ein paar weitere Monate kommen Sie vermutlich mit den Werbegaben der Babynahrungsmittelindustrie über die Runden. Horten Sie rechtzeitig, lehnen

Sie nie irgendeine Marke ab, weil Sie sie nicht aus dem Fernsehen kennen. Bald ist das Kindchen schon so groß, daß es die Essensreste von Mama oder Papa futtern kann — ruckzuck sind die ersten Lebensjahre vorüber, ohne daß es zu nennenswerten finanziellen Einbußen kam. Ein gesundes Hungergefühl ist übrigens allemal besser als ein voller Bauch — überfüttern Sie den Kleinen nicht. Das Kind muß ja schließlich rechtzeitig lernen, allein und eigenständig durchs Leben zu kommen. Nehmen Sie das berühmt gewordene Beispiel der Pausenbrote. Eine Mutter, die den Verdacht hegte, daß die dem Kind mitgegebenen Frühstücksbrote im Abfallkorb auf dem Schulhof landeten, gab dem Kleinen von nun an ein paar sorgfältig eingewickelte Haushaltsreste mit, ein Stück zurechtgeschnittete Illustrierte und zur Abwechslung vielleicht ein paar Steine. Das Kind, ein Schleckermäulchen, beklagte sich niemals und ist dennoch ein ganzer Kerl geworden.

Kinder finden meist allerlei Mittel und Wege, den größten Hunger zu stillen, ganz zu schweigen davon, daß Sie als Eltern ihnen dabei helfen müssen, etwa durch Formulierungen in dieser Richtung: »Na, Peterle, magst du denn heute abend nicht mal wieder bei Susanne essen?« Sie werden bald sehen: Alle Verwandten und alle Bekannten sind voll des Lobes, das ja auch auf Sie zurückfällt: »Das Kindchen hat aber einen gesunden Appetit, alle Achtung!«

Große Sorgen bereitet ja nicht nur das tägliche Verabreichen der Nahrung, sondern auch Kleidung und Schuhe. Kein Mensch würde je von Ihnen verlangen, das Kind etwa barfuß in Schule oder Kindergarten zu schicken. Aber die hier angedeutete Richtung stimmt. Opa und Oma, die ihre helle Freude am Enkelchen haben, müssen eben auch das Ihre tun, damit das Kind gesund durch die Welt läuft. Manche Menschen sind diesbezüglich schwerhörig. Packen Sie den Stier bei den Hörnern. Wenn das

Kind Geburtstag hat: Verwandte besuchen. Der Kleine soll sich vorsorglich für alles, was er gerade so an Kleidung benötigt, im voraus bedanken.

Ich rate Ihnen: Werfen Sie überkommene Gewohnheiten über Bord! Lassen Sie auf gar keinen Fall eine Gelegenheit aus, bei der Ihr Kind beschenkt werden könnte! Das gilt allerdings nicht nur für die Geburtstage. Sie sollten auch wieder auf die schöne Sitte zurückgreifen, Namenstage zu feiern. Für solche Fälle ist es nützlich, wenn Sie Ihrem Kind mehrere Namen geben. Je mehr Gelegenheiten Sie schaffen, bei denen Ihrem Kind etwas Gutes getan werden kann, um so besser.

Der Jahrestag des ersten Zahns beispielsweise, der Tag, an dem Peterle das erste Mal allein laufen konnte, sich den Zigarettenanzünder im Auto in das kleine Mündchen steckte, der Tag, an dem das Kind trocken war, die Wiederkehr der Einschulung — alles kann Anlaß für eine kleine Familienfeier sein.

Besorgen Sie Ihrem Kind rechtzeitig eine große Sparbüchse, in die auch Banknoten passen. Wenn Besuch kommt, wird der Kleine stolz mit seinem Schatz klimpern — so hartherzige Menschen gibt es einfach nicht, die dem Kind in diesem Augenblick die Freude verderben würden. Möglich, daß Sie dann der eine oder andere Besucher nicht mehr so oft belästigt. Trösten Sie sich — das sind meist dieselben Leute, die den billigen Wein mitbringen, aber dann lieber Ihr gutes Bier trinken und die Zigaretten vergessen haben, und die garantiert irgendwann fragen, ob Sie nicht zufällig mal mit einem Hunderter aushelfen können.

All diese kleinen und praktischen Lebenshilfen trösten Sie vermutlich kaum darüber hinweg, daß Kinder letztlich eine ganze Menge kosten. Die finanziellen Hauptlasten bleiben an Ihnen hängen. Ein Arbeitszimmer in der Wohnung kann ohne allzu große Schwierigkeiten von der

Onkel, haste nich mal 50 Märker für mich?

Steuer abgesetzt werden — ein Kinderzimmer nicht. Die meisten Steuerprüfer wären schon bei Ihrem Versuch, so eine Praxis argumentativ und an Hand konkreter Fallbeispiele zu untermauern, leicht verschnupft. So richtig dramatisch wird's aber erst, wenn das Studium beginnt. Bei manchen Kindern sind die Eltern längst Großeltern geworden, wenn das Examen endlich gemacht ist. Hier sprechen Familienforscher vom sogenannten Generationenvertrag. Der schließt allerdings nicht die Garantie ein, daß das Kind die Eltern im Alter unterstützt oder versorgt, im Gegenteil! Trotz all Ihrer guten Erziehungsversuche spekulieren die Kinder, kaum, daß sie richtig rechnen können, auf die elterliche Eigentumswohnung, machen ominöse Vorschläge zur Kapitalanlage oder verlangen gar einen Vorschuß auf die zu erwartende Erbschaft. Wenn Sie sich nun gegenseitig Trost zusprechen, daß ja wenigstens die Zeit des Windelwechselns vorbei ist, gemach, gemach! Gibt es denn da nicht schon die Enkelchen? Ich bin ziemlich sicher: Man wird sie in regelmäßigen Abständen bei Ihnen abliefern, und dann beginnt alles von vorn. Ach so, Sie haben das alles im Griff. Dann sprechen Sie mal mit jenen Eltern, die sich beizeiten querstellen wollten. Sie sind inzwischen entmündigt.

Kurzum: Sie müssen bis in hohe Alter Jahr für Jahr mit hohen Investitionen rechnen. Kinder kosten eben Knete und bringen allerhand Verdruß. Das Kindergeld ist, falls Sie kindergeldberechtigt sind, da nur ein schwacher Trost — das reicht doch heutzutage nicht mal für ein Paket Windeln. Der Verdruß wird noch größer, wenn Sie als Mann beim Wickeln daran denken, was jetzt wohl die vielen anderen Männer machen, die Sie kennen. Die einen sitzen gemütlich vor dem Fernsehgerät, die anderen sind eben mal rüber zum Italiener, dritte vielleicht auf Kurzurlaub in Zermatt, während Sie einen Kinderpopo pudern oder Ihre Lieblingskrawatte von Milchbrei säubern müssen. Ein düsteres Bild insgesamt, ich stimme zu, vor allem unter finanziellen Aspekten, und die sind nun mal in unserer materialistischen Welt das Wichtigste. Bleiben Sie cool. Es kann sich ja bestenfalls um zwei bis drei Jahrzehnte handeln.

Streichen Sie den Neuseeland-Urlaub. Für den Kleinen viel zu anstrengend. 6000 Mark gespart.

Bei der Geburt ist es schon zu spät

Früher wurden die Kinder ins Wasser geworfen — da hieß es oben bleiben oder untergehen. Das geht heute leider nicht mehr, denn bereits die Strafprozeßordnung schiebt da einen gewissen Riegel vor.

Das Vorwärtskommen, die Zukunft, die Karriere der Kinder muß von langer Hand vorbereitet und geplant werden. Viele Eltern haben das längst erkannt und eine quicklebendige Streitkultur entwickelt, die oft bereits in der Schwangerschaft beginnt. Sie alle wissen: Noch weitaus wichtiger als der künftige Name des Töchterchens oder Söhnchens ist der mögliche berufliche Werdegang, die Karriere.

Karrieren freilich beginnen in Kliniken. Als erstes stellt sich demnach die Frage: In welcher Klinik muß entbunden werden? Wo lassen sich bereits in dieser frühen Phase zwischen den verschiedenen Babys einerseits und den verschiedenen Eltern andererseits erste zarte Kontakte knüpfen, die möglicherweise erfreuliche Perspektiven für die Zukunft versprechen? Will sagen: Die erste Klinik am Platz (vermutlich am besten eine private!) muß für Ihr Kind gerade gut genug sein! Dort, wo Fabrikanten und Managerbabys geboren werden, wo künftige Tennis-Asse die Windeln vollkacken, soll Ihr Kind das Licht der Welt erblicken. Zugegeben, so manche Neureichs entbinden heute nicht mehr selbst, sondern lassen. Dennoch — der Raum für zwischenmenschliche Kontakte ist noch vor dem ersten Schrei die Klinik! Sie sollten ihn voll nutzen.

Schauen Sie sich doch mal vorsichtig so in der Klinik um. Da drüben, der aufgeregte Vater, der sich immer wieder sorgenvoll aus dem schweren Ledersessel erhebt. Er hat in diesen schweren Minuten alles vergessen, was sonst seinen Tag bestimmt. Der Mann leidet wie Sie, wird, wenn auch nur bis zur Geburt seines Kindes, zum ganz normalen Menschen, ist ansprechbar und hat möglicherweise ein offenes Ohr für Ihren Otto, der gerade zur Brust genommen wird. Zwinkern Sie ihm zu, etwa sinngemäß ausdrückend: Ich leide mit dir, alter Junge! Sie könnten

Schon damals sagte man ihr eine Karriere als Model voraus.

bei dieser Gelegenheit, ganz beiläufig selbstverständlich, erläuternd auf Ihr Kind deuten: »Ein Ingenieur, ich bin sicher, ein Ingenieur — und was für ein kluger!« Falls es eine Tochter sein sollte: »Finden Sie nicht auch, daß Eva-Kristin schon heute wie eine Designerin ausschaut?« Klopfen Sie anschließend Ihrem Gegenüber, dem Fabrikanten oder Arbeitsamtsdirektor, freundschaftlich mit einem »Wird schon klappen!« auf die Schulter — mag sein, daß er zunächst noch gequält lächelt, aber Sie haben ihm in diesen Augenblicken des Alleinseins Hoffnung und Zuversicht gegeben, haben ein Lichtlein angezündet, wie man drüben sagen würde. Viele werdende Väter haben in den Stunden der Geburt so viele Sorgen, daß sie sogar das Naheliegendste vergessen: einen Strauß wunderschöner Blumen.

Wenn Sie also in die Entbindungsstation fahren, zeigen Sie, daß Sie für zwei denken können. Nehmen Sie möglichst drei oder gar vier Blumensträuße mit — vor allem in den besseren Kliniken werden Sie immer einen dankbaren Abnehmer finden. Und der wird sich später mit Sicherheit an Ihre Solidarität erinnern. Ganz unter uns Männern gesagt, die nicht zum ersten Mal entbunden haben: Es ist keine Schande, an die schwere Zeit der Schwangerschaft zurückzudenken, an die Sorgen und Nöte, die Fahrt in die Klinik, das Hoffen und Bangen, das Warten, Warten, Warten: Es sind prägende Erlebnisse. Noch bis ins hohe Alter hinein werden wir uns an eine grobe Oberschwester ebenso erinnern wie an die völlig zerfledderten Illustrierten, Zeugnisse für die Sparsamkeit im Gesundheitswesen. Wahrlich unvergessen bleiben uns jedoch die Gesichter all jener, die in den schwersten Stunden des Lebens mit uns gelitten haben, die uns (bildlich gesprochen) die Hand hielten! Aber was, frage ich Sie, sind Gesichter, wenn die Adresse fehlt?

Lassen Sie für Ihr Kind noch vor der Geburt ein paar hundert Visitenkarten drucken (jeweils mit alternativen Namen), damit Sie etwas in der Hand haben, wenn sich neue Bekanntschaften auftun.

Als Vater bei der Geburt dabei

Es gibt ungeheuer sensible Männer. Manche sind derart empfindsam, daß sie förmlich räumliche Weite und Abstand benötigen, wenn ihre Frau niederkommt. In vielen Fällen bietet sich hier eine Therapie an, die gleichzeitig auf das kommende Leben als *Vater* vorbereitet. Entscheidend ist, im Vorfeld das seelische und körperliche Gleichgewicht wiederzufinden. Erst wenn das geglückt ist, darf man aus der selbstgewählten Isolation wieder auftauchen, um sich den harten Tatsachen zu stellen. So mancher Mann laboriert sehr lange an der Wiederherstellung von Leib und Seele. Der eine oder andere soll gar erst dann wieder zu Hause aufgekreuzt sein, als das Neugeborene das Abitur hinter sich hatte.

Jeder Mann ist anders. Es gibt welche, die nichts lieber tun, als Geburten gut vorzubereiten, sie zu organisieren wie ein Betriebsfest. Andere wiederum sind, weil es ihre erste Geburt ist, überkritisch, ängstlich oder ganz einfach zu vorsichtig. Dabei gibt es für uns Männer nichts Leichteres als eine Geburt. Für alle, die live dabeisein wollen, hier ein paar sehr einfache Verhaltensmaßregeln.

Überzeugen Sie sich zunächst, ob das auch Ihre Frau ist, die sich da eben anschickt, ein Kind auf die Welt zu bringen. Viele Männer vergessen das in der Aufregung, so daß es zu unschönen Szenen mit anderen Männern kommt, die nicht selten auf dem Rücken der Kleinsten ausgetragen werden. Wenn Sie sich zur schnellen Identifizierung Ihrer Frau (es geht jetzt praktisch Schlag auf

Schlag) ein paar Einzelheiten in Erinnerung rufen, kann das nur vorteilhaft sein. Denken Sie an unverwechselbare Merkmale, beispielsweise die schönen Ohrringe oder das teure Goldkettchen (Stempel: 900), Dinge, die Sie ihr mal geschenkt haben. Sobald das alles klar ist, können Sie das Kommando geben. Mutter weiß: Jetzt kann's losgehen!

Und nun heißt's aufgepaßt, denn meist ist schon kurze Zeit später das Kind da. Exakt in diesem Moment drükken Sie auf die Stoppuhr. Danach fordern Sie von allen Beteiligten einen allgemeinen Uhrenvergleich. Es ist für

Was schreit sie so, Herr Doktor, uns steht doch ein freudiges Ereignis ins Haus?

den späteren Lebensweg des Säuglings nicht nur von entscheidender Bedeutung, unter welchem Sternbild er geboren wurde, sondern es kommt auch auf die exakten Konfigurationen des Mondes zur Erde und zur Sonne an, von den vielen Sternen ganz zu schweigen. Jede Minute, jede Sekunde kann wichtig sein! Bitte messen Sie nun vorsichtig mit dem mitgebrachten, jedoch gut ausgekochten Meterstab korrekt nach, ob Ihr Kind wirklich so klein ist und nicht etwa eine Verwechslung vorliegt. Protokollieren Sie alle Angaben sorgfältig und bitten Sie unvoreingenommene Zeugen, das Protokoll gegenzuzeichnen, damit Sie für spätere prozessuale Auseinandersetzungen gewappnet sind. Anschließend lassen Sie sich das Gewicht des Neugeborenen geben. Falls Sie daran zweifeln, bedenken Sie bitte, daß es in solchen Situationen immer eine gewisse Dunkelziffer gibt. Wenn Ihnen die 7917 Gramm nach wie vor etwas übertrieben erscheinen, prüfen Sie, ob die Waage geeicht ist. Bestehen Sie ggf. auf einem sofortigen Nachwiegen in Ihrem Beisein. Darauf hat jeder Verbraucher Anspruch, sobald berechtigte Zweifel am Gewicht auftauchen. Entfernen Sie bitte vor dem zweiten Wiegen die Verpackung und eventuelle Reste, wenn Sie wissen, was ich meine. Falls das Kind bereits getrunken hat, können Sie die Füllung abziehen.

Ist alles glücklich erledigt? Dann rasch die Polaroid-Kamera raus! Wenn die erste Aufnahme des Neugeborenen gemacht ist, begeben sich unmittelbar nach Hause zurück. Hier zücken Sie die berüchtigten ›Gelben Seiten‹ und bestellen beim schnellsten Sofortdrucker ein paar tausend Geburtsanzeigen. Schärfen Sie ihm ein, daß es schnell gehen muß. Kosten dürfen in solchen Augenblikken keine Rolle spielen.

Schauen Sie sich aber erst einmal die Bilder an, die Sie in die Druckerei bringen wollen. Ganz kritisch, in aller Ruhe! Das Bild mit dem Faltengesicht nehmen sie nicht,

Karlheinz, was stöhnst du denn so?
Ächz, Helga, ich übe mit Tusnelda am Tragetuch.

auch nicht das mit den geschlossenen Augen. Nein, auch nicht das mit der Steckdosen-Nase.

Wenn Sie kein passendes Bild geschossen haben, nur nicht den Kopf in den Sand stecken! Schauen Sie doch mal in Ihren eigenen Foto-Alben nach. Suchen Sie ein flottes, professionell gemachtes Bild aus Ihren frühen Kindertagen. Alle werden sagen: »Ganz der Vater!« Aufpassen beim Namen: Hier müssen Sie allerdings absolut sicher sein, ob es ein Junge oder ein Mädchen ist.

Die ersten Tage

Die ersten Tage nach der Geburt (das werden Ihnen alle bestätigen) sind die aufregendsten und die schönsten Ihres Lebens! Mutti liegt vielleicht noch gemütlich im Wochenbett, da sind zu Hause schon allerlei Heinzelmännchen fleißig am Werke. Da wird gewienert und gewachst, da wird die Hecke gestutzt und der Hof gefegt und der Keller aufgeräumt: Das Kind soll sich doch wohl fühlen zu Hause, und auch die Mutter hat ja nach all den Anstrengungen eine Überraschung redlich verdient.

Heutzutage wird in vielen Ländern auf das Waschen des Autos verzichtet, wenn Kinder unterwegs sind. Man setzt einerseits auf diese Weise ein deutliches Signal: Das Auto ist nicht alles! Andererseits muß ja eh ein neuer Wagen her. Falls Sie als Vater die Mutter und das Kind damit überraschen wollen, merken Sie sich bitte drei Grundbegriffe, mit denen heute jeder Autoverkäufer etwas anzufangen weiß: Kräftiger (Sie sind ja jetzt zu dritt — wenn nicht mehr!), geräumiger (der Kinderwagen!!), sicherer (das Kind als solches). Erfahrene Autofahrer wissen: Viele Kinder essen mit Vorliebe Reste, beispielsweise aus dem Aschenbecher. Deshalb: Zunieten lassen! Manche Eltern, die nur eben mal eine kleine Besorgung machen wollten, fanden ihr Kind mit glühenden Bäckchen im Wagen wieder, weil sie vergessen hatten, den Zigarettenanzünder ausreichend zu sichern.

Doch zurück zu den Heizelmännchen, zurück ins Haus, das vielleicht innen und außen einen neuen Putz braucht. Warum also nicht auch gleich alle Zimmer frisch streichen, ohne daß diesmal die Gardinen groß runter müs-

Erst drei Wochen alt, und Papa kommt schon mit dem Messen nicht mehr nach.

sen? Es muß vor allem alles hipphopp gehen! Zugegeben, im Eifer des Gefechts achtet man vielleicht nicht auf jede Kleinigkeit, und so ist hier ein neuer Teppichboden, da ein paar Meter neuer Vorhang fällig. Sie sollten wissen: Teppichböden sind problematisch, so lange die Kinder klein sind. Die Hauptsache ist doch, Mutter und Kind kommen gesund und munter nach Hause, stimmt's?

Man muß sich als Mutter und als Vater eines ersten Kindes in eine vollkommen neue Problematik hineinarbeiten. Nehmen Sie nur die harmlos klingende Frage: Tragetuch oder nicht? Die Meinungen gehen auseinander. Machen Sie doch einfach mal die Probe aufs Exempel. Besorgen Sie sich irgendwo für ein bis zwei Tage ein Baby und versuchen Sie dann, mit Kind und Tragetuch zurechtzukommen. Das Kind, nur eingewickelt in lichte, helle Tücher, kann sowohl vorn als auch hinten getragen werden. Es ist auf jeden Fall ein ganz neues, ungewohntes Körpergefühl. Und doch: Was viele in der ersten Begeisterung als menschliche Wärme und Nähe empfinden, entpuppt sich nach zehn Minuten als relativ normaler Urin, der rasch kalt wird.

Wie haben Sie sich gefreut, als das Kind zum ersten Mal schrie, aus Leibeskräften. Welche Lebenslust! Wenn Kinder schreien, aus Herzenslust, dann ist das doch eine geradezu wunderbare Geräuschkulisse gegenüber dem Dauergedudel bei Frisören, in Boutiquen und Kaufhäusern. Der Lärm der ersten Tage ... ein Krähen am Anfang fast nur, ein Schluchzen, ein zorniges Quäken, dann ein Schreien, das stärker, lauter, vehementer, ausdauernder wird. Welche Kraft, wenn sich das Kind in die Stille der Nacht hinein fordernd meldet. Es kann ja nicht wissen, wie spät es ist. Es kann unter Umständen Monate, ja Jahre dauern, bis das Kind durchschläft. Mit tiefen Rändern unter den Augen schauen die Eltern dann hilflos ins Kinderbettchen, was keinen guten Eindruck macht.

Verantwortungsvolle Eltern sollten sich bitte rechtzeitig im gut sortierten Fachhandel mit Original-Tonbändern der Serie ›Kinderschreie‹ (erstes, zweites, drittes Jahr usw.) eindekken. Sie werden mit einem Zeitschalter versehen und noch während der Schwangerschaft zu unvorhergesehenen Zeiten, jedoch vorwiegend nachts, zur rechtzeitigen Gewöhnung an das Kind automatisch abgespielt.

Bessermuttis

Eine Erfahrung werden Sie immer wieder neu machen müssen: Alle anderen wissen immer alles besser — Mütter, Onkel und Tanten, Nachbarinnen, ja selbst die Frau an der Ladenkasse weiß ganz genau, wie Kinder richtig zu erziehen sind. Nein, nicht die eigenen, Ihre. Da ist ja die Tragik!

Wenn Mutter oder Schwiegermutter nach der Geburt des Enkels ungefragt aufkreuzen, um der Tochter ein paar entspannende Tage zu gönnen, ist erst einmal eitel Sonnenschein, für ein paar Stunden. Bis zum Wickeln.

»Darf ich eben mal ...? Ach Gottchen, entschuldige! Nein, gib mal her. Nicht so — so hält man das Kindchen, so, siehst du? Und wie es jetzt lacht. Ja, gell, du magst die Omama. Kuttekuttekuttekutt! Was nimmst du denn für Puder? Also hör mal, könnt Ihr euch nicht was Besseres leisten? Du darfst das Löffelchen nicht so schräg ... Genau so — und dann rein ins kleine Mäulchen. Also hör mal, wenn du alles besser weißt — bitte!«

Klar, am liebsten würde Oma das kleine Schätzchen allein trockenlegen und ihm selbst noch die Brust geben — der Kampf ums Baby endet in unserem Fall damit, daß Oma sauer ist, demonstrativ das Kinderzimmer verläßt und die Küche auf Vordermann bringt.

Wenn der erste Streß und der Schock glücklich überstanden sind, wenn der Alltag einkehrt, sieht alles schon wieder ganz friedlich aus. Die stolzen Großeltern schleppen für die nächsten Jahre (bis zu den ersten Zähnen, wenn die überhaupt noch kommen) kiloweise Schokolade und Süßigkeiten an, eine Puppe für Uta, ein Auto für

Ganz die Eltern, der Kleine!

Jürgen, kaufen Sabberlätzchen in Blau und Rosa und sind, was die Fernsehwerbung angeht, voll drauf.

Wenn Oma da ist, verwandelt sich Uta. Vergessen ist plötzlich der tägliche Kampf beim Essen, vergessen das nervenzehrende, mit allen pädagogischen Tricks arbeitende Überlisten, um das Kind ins Bett zu bekommen. Nach dem Sandmännchen nimmt Uta (!) Oma bei der Hand, haucht ein Küßchen auf die elterlichen Wangen (ganz neu) und zischt ab zur Serie der Gutenachtgeschichten, die sich so manches Mal über eine Stunde hinziehen. Nicht ausgeschlossen freilich, daß Uta gegen elf Uhr putzmunter wieder im Zimmer steht und krähend verkündet, sie könne überhaupt nicht schlafen. Jeden Abend das gleiche Theater. Als Oma mit dem Kind zum ersten Mal ins Schlafzimmer spazierte, sahen sich Papa und Mama noch wissend an. Abwarten, dachten sie. Doch eine eiserne Faust griff ans mütterliche Herz, als Oma nach zehn Minuten wieder auf der Matte stand und nicht ohne Stolz, Triumph in der Stimme, verkündete: »Sie schläft.« Mal ganz ehrlich: Haben Sie so eine gemeine Tochter verdient? Eine, die, sobald Oma weg ist, viel lieber mit Jürgens Auto spielt, eine, die keine Schokolade mag? Es sind nicht die kleinen Siege, es sind die täglichen Niederlagen, die uns an die Pädagogik glauben lassen. Nur: welche?

Wenn Sie mitspielen, wird die Oma regelmäßiger Gast sein. Ob daraus ein Horrortrip für alle wird, hängt von der Einzelfall-Oma und Ihnen ab. Es ist daher immer gut, wenn Sie sich aufs Schlimmste gefaßt machen, weil es dann nur noch besser werden kann. Notfalls und als äußerstes Mittel: Hausverbote. Gegebenenfalls drohen Sie juristische Schritte an.

Schlafe, mein Prinzchen, schlaf ein ...

Es gibt erstaunlicherweise immer mehrere Möglichkeiten, ein Kind in den Schlaf zu begleiten. Man kann die Tür einen Spalt offenlassen. Man kann eine kleine Lampe brennen lassen. Man kann eine Gutenachtgeschichte erzählen oder zwei oder drei. Man kann eine andere Decke bringen und die Kissen aufschütteln. Man kann ein Liedchen singen. Man kann ein zusätzliches Kuscheltier besorgen. Man kann das Kleine ins elterliche Bett legen. Man kann einen besonders dicken Gutenachtkuß geben. Man kann mit dem Kind stundenlang Frage- und Antwortspiele machen. Man kann sagen: Ein Viertelstündchen noch. Man kann das Fenster öffnen. Man kann vorlesen. Man kann mit dem Kind ins Bett kriechen. Man kann das Kind ins Auto packen und solange mit ihm spazierenfahren. Man kann auch alles auf einmal, hintereinander oder nacheinander durchprobieren. Fragt sich nur, was man kann, wenn nichts hilft. Man kann die Nerven verlieren.

Was so Usus ist, was sich so gehört, interessiert das Kind überhaupt nicht. Kinder haben einen ganz individuellen Schlafrhythmus, und der stimmt nun mal leider nicht mit unseren Rhythmen, Wünschen und Bedürfnissen überein. Vielleicht also sollte man endlich auch mal auf diesen persönlichen Schlafrhythmus des Kindes Rücksicht nehmen? Drei von fünf Kindern leiden an Schlafstörungen — da helfen keine Pillen und keine kalten Umschläge, sorry, Pharmaindustrie. Wenn das Kind ins Bett ›muß‹ (!), ist es möglicherweise noch nicht müde, erstens. Schlafen, Einschlafenkönnen hat unter ande-

Ihr Kleines wird nachts zum brüllenden Tiger? Begegnen Sie diesen vehementen Gefühlsäußerungen nicht schutzlos!

rem ein ganz klein wenig auch mit Müdigkeit zu tun. Was sollen da Kompromisse — uns geht's nicht anders. Wir freilich können uns, noch nicht zu müde, im Bett die schönsten Dinge des Lebens leisten, mal ganz abgesehen von einer sanften Rundfunksendung, die uns hinüberduseln läßt, von einem Buch, das uns auf andere Gedanken bringt, uns aus dem Alltag entführt. Oder wir lassen diesen Tag ganz bewußt Revue passieren, arbeiten auf, geben uns Tagträumen hin, planen und organisieren für den nächsten Tag, erzählen dem Partner von Frust und Lust des Alltags. Himmel und Hölle, Gut und Böse, drohende Dunkelheit, ein Knistern im Zimmer, Geräusche von draußen, Blitz und Donner, ein Schatten an der Wand: Uns schreckt nichts mehr.

Unser schlaues, mit so viel Träumen, Ängsten und Phantasien ausgestattetes Kind aber soll, bitte rechtzeitig vor dem gleich beginnenden Fernsehprogramm, gefälligst die Augen zumachen. Es hat von jetzt auf nachher die Phantasie abzustellen, und eben das klappt nun leider nicht so, wie wir uns das manchmal wünschen. Im Schlaf begeben wir uns in einen hilflosen Zustand. Wir liefern uns der Welt aus. Das gilt erst recht für die Kinder. Ist die Mutter wirklich noch da, wenn es aufwacht? So manches Mal vielleicht nicht — da haben sich die Eltern aus dem Staub gemacht, sobald die Äuglein zu waren. Und wenn dann ein böser Traum das Kind aus dem Schlaf reißt, ist es allein. Solche Erlebnisse können traumatische Folgen haben. Um wieviel leichter ist da die Wahrheit, um wieviel lohnender ein Babysitter, um wieviel einfacher der gute Rat eines Kinderarztes.

Manche Eltern loben ein auf den ersten Blick probates Mittel: Sie legen sich einfach zu den Kindern ins Bett, wenn's sein muß Abend für Abend, bis das Kind schläft. Sie schlafen dann, rechtschaffen müde, auch, kriechen nach zwei Stunden wieder raus und sind sauer. Mit dem

Kind zu schlafen kann bei schweren Schlafstörungen allenfalls eine Notlösung von kurzer Dauer sein. Andere wieder lassen die Kinder einfach ein paar Nächte lang durchschreien und bilden sich ein, der Rest würde sich von selbst erledigen. Richtig. Das Kind hat kapituliert, resigniert und ist hoffnungslos. Sein Willen wurde erfolgreich gebrochen. Das, meine Lieben, kann ja wohl nicht Sinn der Übung sein.

Versetzen Sie sich doch bitte öfter einmal in die Lage des Kindes, versuchen Sie, seine rationalen und irrationalen Ängste nachzuvollziehen. Wenn das Kind ausreichend Liebe, Geborgenheit und Vertrauen spürt, wenn es sich tagsüber austoben und vor dem Schlafengehen aussprechen konnte, wenn es sich wirklich in den Schlaf fallen lassen kann, dann erst wird es die gute Nacht haben, die Sie ihm wünschen.

Ach, das sind gar nicht Ihre Kinder ...?

Wer keine Probleme mit Kindern (oder Eltern) hat, kann dieses Buch getrost wieder wegwerfen. Allerdings rate ich Ihnen erst einmal zum gründlichen Nachdenken, denn neueste Untersuchungen haben gezeigt, daß es weder Eltern gibt, die keine Probleme mit ihren Kindern haben, noch Kinder, die problemfreie Eltern ihr eigen nennen dürfen. Mag ja sein, daß sich dieses Problem bald löst, weil bekanntlich immer mehr Kinder immer weniger Kinder bekommen. Das allerdings wird mit Sicherheit zum Problem für die Eltern werden — die werden ja, durchaus auch mit Hilfe dieses Ratgebers, immer älter. Ich sage nur: Rente. Wer, bitteschön, soll denn die bezahlen, wenn eines Tages vielleicht gar keine Kinder mehr da sind? Insoweit soll dieser Ratgeber dazu beitragen, daß endlich wieder mehr Kinder Kinder kriegen. Über das Wie, Wann und Wo wird noch zu reden sein — an anderer Stelle.

Die allererste Frage, die sich alle Eltern, die gewisse Probleme bei der Erziehung haben, einmal stellen sollten, ist ganz schlicht: Sind das überhaupt meine Kinder? Denn, werden sie sich manchmal sagen, so, wie sich diese Kinder benehmen, ist das fast ausgeschlossen. Arroganz, gepaart mit Undankbarkeit, seelische Grausamkeit gegenüber Vater und Mutter, Bettnässertum aus purer Lust an etwas Wärme fast bis in die Pubertät hinein, eine manische Liebe zur Unordnung — eigentlich, so sagt sich manche Mutter, kann dieses Kind das alles doch unmöglich von mir haben. Väter denken da übrigens ebenso, wenn sie denken. Schön, werden Sie sich sagen, da sind

Reg dich nicht so auf, Karl!

gewisse Ähnlichkeiten nicht ganz von der Hand zu weisen (vor allem, wenn Schwiegermütter stolz sagen: Ganz mein Sohn!). Doch alle, die beispielsweise einen Hund haben, wissen, daß so ein Bello schon binnen kurzem wie Herrchen aussieht. Ähnlichkeiten allein also bieten keine Gewähr für Blutsverwandschaft.

Liebe Mutti: Denke bitte einmal genau nach, wie das damals im Krankenhaus war. Könnte es nicht sein, daß man Dir ein anderes Kind untergeschoben hat? Bei dem Streß und dem Personalmangel, der heutzutage in Krankenhäusern herrscht, passieren doch noch ganz andere Dinge. Mutti, Hand aufs Herz: Wenn Du ehrlich bist, spricht manches dafür.

Lieber Papa: Ich will Dich nicht beunruhigen. Aber warst Du nicht damals nur kurz im Krankenhaus, weil Du wieder auf Montage oder zum Bund oder in den Zivildienst oder in die Männergruppe ›Aktive Schwangerschaft‹ mußtest? Hast Du nicht auch manchmal das Gefühl gehabt, daß sich die Babys alle ähnlich sehen? Glaubst Du denn im Ernst, eine Krankenschwester könnte sich groß die Mühe machen, *Dein* Kind aus einem Wust schreiender Säuglinge herauszufischen, um es Muttern an die Brust oder Flasche zu legen? O Mann, die nehmen doch meistens das, das am lautesten schreit!

Liebe Eltern! Nur keine Aufregung. Erstens können Sie sich ja nun auf die Suche nach Ihrem richtigen Kind machen. Sie sollten dann Klein-Werner, wenn er mal wieder nicht richtig essen will, andeuten, daß seine Tage zu Hause vermutlich gezählt sind — etwa so: »Ich bin schon sehr ge-

spannt, ob Dein richtiger Vater Deine Fisimatenten auch so mitmacht wie wir!«

Liebe Kids, keine Aufregung! Ich wette, Ihr habt Euch nicht nur einmal andere Eltern gewünscht. Stellt doch, z. B. wenn die halbe Verwandtschaft mal wieder da ist, ganz beiläufig die Frage: »Stimmt es eigentlich, daß Sie nicht mein leiblicher Vater sind?« Vergeßt das ›Sie‹ nicht – das klingt vornehm. Ihr werdet staunen, wieviel Leben plötzlich in die Bude kommt.

Sauber bleiben!

Vor Urzeiten saßen die Frauen vor den Höhlen, die Kleinsten an der Brust, und wachten übers Feuer. Gelegentlich verscheuchten sie mit einem brennenden Holzscheit einen Löwen oder Bären. Die Männer, oft nur mit einem raffiniert geschneiderten Lendenschurz bekleidet, waren auswärts, entweder im Krieg, was dann etwas länger dauerte, oder auf der Jagd (behaupteten sie jedenfalls). Wenn's den Frauen langweilig wurde, kämmten sie sich ihre schulterlangen, blonden Haare, trugen vielleicht etwas Henna auf und liefen Rehen gleich graziös zum naheliegenden Fluß, um sich dort in die Fluten zu stürzen.

Wenn überraschenderweise Barbaren auftauchten, schnappten die sich mit sicherem Griff immer die saubersten Frauen. Das brachte Abwechslung in die Stämme und veränderte im Laufe der Jahrtausende auch die Gene. Große Reisen konnten sich die Leute damals nicht leisten. Um so willkommener war da eine Entführung, einmal, weil die Frauen das Alleinsein satt hatten, zum anderen, weil der Alltagstrott (Kochen, Putzen, Waschen) durchbrochen wurde. Die Jungs damals hingegen kamen ziemlich schmuddelig daher — nach einem starken Regen, so die Überlieferung, wurden sie vielfach von ihren Frauen nicht mehr wiedererkannt. Schon deshalb mieden sie naturgemäß das Wasser.

Die frühe Veränderung der Gene bei den Frauen hat, wie die Kosmetikindustrie feststellte, Auswirkungen bis in unsere moderne Zeit hinein. Etwas plump und vereinfacht ausgedrückt, kann man durchaus sagen, daß Frauen und Mädchen im allgemeinen sehr viel sauberer, reinlicher als Männer sind. Ausnahmen von dieser Regel las-

He, was soll das? Bist du wahnsinnig geworden?

sen demnach eher auf einen Gendefekt schließen. Strenge Reinlichkeit, so Tiefenpsychologen, wird von den Männern im Unterbewußtsein auch heute noch als ›weichlich‹ und ›weibisch‹ empfunden, mithin als Schwäche. Noch vor wenigen Jahren wurde ein Mann aus Wuppertal gesteinigt, weil von ihm angeblich der Hauch eines Parfüms ausging.

Die berüchtigten Trauerränder der Fingernägel sind fast ausnahmslos Männersache. Noch heute leben Männer unter uns, die erst dann ihre Unterhose wechseln, wenn sie zu schwer wird. Was also Wunder, wenn die Erziehung zur Sauberkeit beim männlichen Typus der Gattung Mensch mit ganz erheblichen Problemen verbunden ist. Zugegeben, Männer kommen heutzutage selten von der Jagd nach Hause — doch auch Frauen werden ja nur noch selten geraubt, und manch eine mag das angesichts der Männerwelt bedauern. Erfreulicherweise setzt jedoch eine Trendwende ein. Raffinierte Männerparfüms erobern den Markt, Fönen, Legen und Färben gehören langsam zum guten Ton. Modische Accessoires bestimmen das Bild des Mannes von heute, und so mancher von ihnen duscht zweimal die Woche. Na gut, Schuheputzen beispielsweise gehört nach wie vor zu den Obliegenheiten der Frauen wie Bettenmachen und Hemdenbügeln — aber was für Hemden! In dieser schönen neuen Welt ist vieles Blendwerk, wer wüßte es nicht. Doch die ersten Schritte in die richtige Richtung sind getan, mühsam genug, aber es geht voran. Wohlriechende Seifen fördern die Karriere, das wöchentlich vom ersten Frisör am Platz gepflegte Haupthaar läßt den strähnigen Konkurrenten vor Neid erblassen — und sei er Prokurist.

Schauen Sie nur einmal die prächtigen Männer auf den Wahlplakaten der Parteien an, die stolzen Raucher der Zigarettenwerbung, die smarten Boys der S-Klasse. Können Sie sich so einen vorstellen mit dreckigem Hals oder stinkenden Socken? Na also! Und das ist doch auch ein treffliches Argument für den Herrn Sohn, wenn er mal wieder von der Jagd kommt. Sie können ihm auch mal beim Wekken die Socken vor die Nase halten. All das hat nur Sinn, wenn Sie ihm nicht anschließend die Schuhe putzen. Mutti, nur keine Angst – er wird schon nicht geraubt!

Moderne Zeiten

Haben Sie auch schon gehört, daß die Kleinfamilie vom Aussterben bedroht sein soll? Es scheint tatsächlich so. Überall Verhüterli, wo du hinguckst, und immer mehr Aufklärung, immer bessere Aufklärung. Keinerlei Tabus mehr. Moderne Zeiten landauf, landab. Kein Supermarkt mehr ohne. Und auch keine Grundschule mehr ohne. Erst recht keine Illustrierte mehr ohne. Die vielfältigen und einschlägigen Tips für und über Sex vermiesen freilich manches Betthupferl. Sie als Leserin oder Leser, vermute ich mal, haben die Kinder schon am Hals — die Frage ist nur: Bleibt's dabei?

Sie wissen vielleicht: Die Mütter werden immer jünger, obwohl sie gar nicht Mutter werden wollten. Immer mehr Scheidungen, immer mehr alleinerziehende Mütter. Das Hoch auf die Singles wird zum Katastrophen-Szenario: Die Kleinfamilie ist out — Leute wie Sie gehören bald zu den Dinosauriern des Menschengeschlechts. Aber, verdammt noch mal, wo sollen denn dann die Kinder herkommen, wenn jede, jeder vor sich hinsingelt? Was ist denn mit den horrenden Investitionen in Spielplätze und Kindergärten, in Schulen und Freizeitparks? Ganze Industrien können zusammenbrechen — Kinder gelten, bitte sehr, als potente Konsumenten, aber passende Eltern finden sich immer schwerer. Vor allem: Wer soll denn mal unsere Renten und Beamtenpensionen bezahlen, wenn das so weitergeht? Mir ist nur nicht ganz genau klar, ob die zitierten Fakten beispielsweise im Falle einer 13jährigen Mutti für oder gegen die Aufklärung sprechen.

Die Lage der Gesellschaft und der ›Restfamilien‹ wird

darüber hinaus durch schrumpfende Beziehungsgeflechte gekennzeichnet. Die Eltern ›auf Arbeit‹ und anschließend in den Seilen und Sesseln hängend. Kein Opa mehr in der Nähe, keine Tante nebenan, die Verwandtschaft vom Winde verweht. Gute Verwandtschaftskontakte sind die Ausnahme wie Schwestern oder Brüder. Ein Drittel aller Kinder sind Einzelkinder und kommunizieren mit Snoopy aus dem Fernsehen — mangels Masse.

Mal ganz unter uns: Würden Sie morgen einer Familie eine Wohnung vermieten, die mit ein bis zwei Bälgern daherkommt? Ist doch schon abzusehen, daß es dabei nicht bleibt! Nichtrauchende Bankangestellte oder gutsituierte ledige Damen oder Herren (gern mit Hündchen, aber deutsch) bieten viel eher Gewähr dafür, daß die 4-Zimmer-Wohnung nicht so rasch abgenutzt wird, von der pünktlich bezahlten Miete und dem Hausfrieden mal ganz abgesehen. Nichts gegen Hündchen, übrigens, aber stellen Sie sich mal vor: Die Kinderwagen im Treppenhaus, Fahrräder an der Zierhecke, vom Dauerlärm ganz zu schweigen. Manche Eltern sind inzwischen so aufgeklärt, daß sie eine Spielecke für die Kids im Hofbereich fordern oder frech behaupten, ihr Kind könne durchaus auch mal im Hausgang singen!

Was sehen wir daran? Daß es mit der Aufklärung immer noch so eine Sache ist. Von Ausnahmen abgesehen, hält Mann sich da ganz gern raus und überläßt die Einzelheiten den Frauen, den Medien und der Schule. Den Rest macht die Natur. Irgendwer wird's schon richten.

Ich kann Ihnen übrigens auch nicht groß helfen, falls Sie das erwartet haben. Ich habe mich leider ›diesbezüglich‹ zeitlebens eher auf Ahnungen und Gefühle verlassen und bin schon ganz froh, wenn ich mit meinen eigenen Sexualproblemen halbwegs unbeschädigt über die Runden komme — was soll ich da mit Ihren! Wenn die Frage der Aufklärung bei Ihnen zu Hause akut wird, stellen Sie sich am besten zunächst kritisch ein paar einfache Fragen. Beispielsweise: Sind Sie selbst bereits hinreichend aufgeklärt? Falls Sie hier mit ›nein‹ antworten, ist es höchste Zeit zur ›Ersten Hilfe‹. Bleiben Sie mal eine Idee länger auf und schauen Sie sich mal 'ne richtig scharfe Kiste im Privatfernsehen an. Sie können sich auch ein paar Broschüren vom Familienministerium kommen lassen (Postkarte genügt). Zweifellos erinnern Sie sich noch an die schulinternen Filmvorführungen früher, die Unterrichtsstreifen vom Paarungsverhalten in der Tierwelt, von Blütenstaub und Schmetterlingen. Diese Filme gibt es inzwischen auf Video — und über Video passiert gewissermaßen der qualitative Sprung vorwärts von der eigenen Aufklärung zu der Ihrer Kinder.

Eine weitere Möglichkeit besteht darin, am besten zu vorgerückter Stunde selbst eine einschlägige Videothek aufzusuchen. Es wäre vermutlich unangenehm, würden Sie beim Verlassen so eines Ladens von Tochter, Sohn oder sonstigen Familienangehörigen gesehen. Vorsicht auch beim Betreten — Tochter oder Sohn könnten vor Ihnen da sein. Probieren Sie sicherheitshalber einfache Verkleidungen aus. Sobald Sie drin sind, nicht herumirren und hier mal schauen, dort mal gucken! Das hat schnell böse Blicke und bissige Bemerkungen zur Folge. Treten Sie entschlossen aufs diensttuende Personal zu und äußern Sie Ihre Wünsche, etwa: »Was haben Sie denn so an Softem auf Lager?« Sie dürfen sich jetzt keineswegs versprechen, indem Sie in Gedanken an Ihre Schmetterlinge zu Hause sagen: »Nun ja, was mit Tieren, aber etwas deutlicher als dieser Schmetterlingsfilm.« Nehmen Sie etwas auf Vorrat mit, bilden Sie sich Ihr eigenes Urteil. Ich weiß ja — das meiste gehört auf den Müll. Vermutlich beflügelt Sie das Sichten einiger Streifen aus der nachbarlichen Videothek aber eher zu ganz ungeahnten anderen Aktivitäten. Die Masse primitiver, frauenverachtender und gewaltverherrlichender Filme, die da täglich übern Ladentisch gehen und mit denen jahraus, jahrein dickes Geld gemacht wird, zeigt Ihnen vielleicht, wie arm unsere Gesellschaft inzwischen geworden ist.

Es mag sein, daß es Ihnen nun plötzlich leicht fällt, mit Ihren Kindern über die natürlichste Sache der Welt zu reden — und sei es allein deshalb, um ihnen den Schrott, von dem die Rede war, zu ersparen. Das Wissen um Liebe, Sexualität und ›Kinderkriegen‹ befreit und kann zweifellos am einfachsten zu Hause vermittelt werden. Manche Eltern sehen darin ein Problem, weil sie nie gelernt haben, offen über Sexualität zu reden.

Sagen Sie jetzt nicht: Aber heute doch nicht mehr! Sie ahnen ja nicht, wieviel Unwissen und Dummheit sich in unserer ach so aufgeklärten Welt die Hände reichen, quer durch alle gesellschaftlichen Schichten. Daß dazu auch die alten, klassischen Rollenmuster Mann/Frau gehören, sei nur am Rande vermerkt. Viele Väter und Mütter schieben die notwendige Aufklärung ihrer Kinder als selbstgeschaffenes Problem Jahr für Jahr vor sich her und fallen plötzlich aus allen Wolken, wenn die Kinder eines Tages selbst mit Kindern daherkommen. »Sag schön guten Tag zum Opa!«

Lieber früher als zu spät: Etwas Unbefangeneres als Kinder gibt es nicht. Falsch ist, die geliehenen Video-Kassetten ›versehentlich‹ einfach mal liegenzulassen. Die Kids könnten ein freundliches Zettelchen hinterlassen: »Den kennen wir schon.«

Ordnung ist das halbe Leben

An und für sich könnte uns ja der äußerliche Zustand eines Kinderzimmers schnurzpiepegal sein. Aber nur an und für sich und nicht in der Realität, denn häufig steckt ja die Unordnung der Kinder die gesamte Wohnung an. Reden wir mal nicht davon, was Ordnung und was Unordnung ist, vermutlich kämen wir rasch ins Streiten. Es soll ja Menschen geben, die die Ordnung mehr mögen als die Kinder. Reden wir auch nicht von den fast krankhaften Ordnungsfimmeln, die manche Leute haben, nicht von jenen, die bis zur Verzweiflung pingelig sind und im Geiste selbst die Bleistifte in Reih und Glied aufmarschieren lassen. Die Ordnung, die hier gemeint ist, hat eher etwas mit Vernunft zu tun. Reden wir also auch nicht von den Fällen, in denen Mütter oder Väter auch nicht eben die Ordentlichsten sind. Reden wir schließlich nicht davon, was sich ›gehört‹ oder ›nicht gehört‹ — »Wie das wieder aussieht!« oder: »Wenn Besuch kommt, was sollen die denn denken!« (Alles Argumente übrigens, die nur in den seltensten Fällen ziehen.) Reden wir statt dessen von einer vernünftigen Ordnung im Sinne von ›Organisation‹ im Kleiderschrank, von Übersichtlichkeit im Schulranzen, von vergeblicher Suche, vom schnellen Finden.

Doch zurück zu den kleinen Chaotinnen und Chaoten. Sie sind bekanntlich in der Lage, in kürzester Zeit überall in der Wohnung ein wahnwitziges Tohuwabohu anzurichten, vor allem aber in ihren eigenen Bereichen. Also heißt es, in regelmäßigen Abständen: »Räum auf!« (Und drohend: »Oder soll ich mal wieder ...?) Eigenartig, wie ver-

Junge, du kommst zu spät in die Schule!
Pssst, Mutter! Ich glaube, meine Tasche hat grade angebissen!

schieden doch die Menschen sind! Das eine Kind ist mit fast kleinlicher Ordnung in seinen vier Wänden groß geworden, ohne daß Sie, die möglicherweise auch nicht unbedingt zu den ›ordentlichsten‹ Naturen gehören, auch je nur eine einzige Bemerkung machen mußten. Brüder oder Schwestern wieder scheinen im Müll zu ersticken, im Chaos zu versinken, ohne das zu merken. Mit fast schlafwandlerischer Sicherheit fischen sie dann bei Bedarf Schulbücher, Armbanduhren oder Unterhosen, Briefmarkensammlungen oder das Kuscheltier aus einem undefinierbaren Haufen heraus und sind auch noch stolz. Daß es auch den anderen Typus gibt, sei nur am Rande vermerkt: Wenn weinend der Verlust der Insektensammlung beklagt wird, man das Schwesterherz des Diebstahls bezichtigt oder Muttern bittere Tränen wegen einer angeblich verlorengegangenen Musikkassette vorweint. Irgendwann dann geben viele Eltern erschöpft ihre Bemühungen auf, Ordnung in das Chaos im Kinderzimmer zu bringen. Später, wenn solche Kinder größer sind, kommt die schlimme Zeit, in der die Ordnungsrufe der Erziehungsberechtigten nicht selten mit dem Verweis auf das allgemeine Chaos in der Welt beantwortet werden. Gutes Zureden? Drohungen? Bitten? Alles für die Katz. Aber es ist ja leider nicht nur das Kinderzimmer — da könnten wir ja, Ordnung hin oder her, so etwas wie den eigenen Lebensraum respektieren, wenn auch schweren Herzens — unter der Voraussetzung, daß die Kinder dann eben auch selbst wenigstens die gröbsten Putzarbeiten übernehmen. Es fängt ja oft schon beim Abräumen des Frühstückstisches an, geht weiter bei all jenen Dingen, die eine Familie gemeinsam benützt, und hört bei den in irgendeine Ecke geworfenen Kleidern nicht auf.

»Warte nur, bis du zum Bund kommst, die werden dir Beine machen!« Wer kennt nicht diese liebevolle und zugleich verzweifelte Drohung ohnmächtiger Eltern. Genau besehen, sollten solche Sprüche unter Strafe stehen, wenn sie an die männlichen Mitglieder der Familie gerichtet werden. Denn sie stellen eine wenn auch subtile Form der Wehrkraftzersetzung dar. Die jungen Männer, die eigentlich unser Vaterland verteidigen sollten, finden wir nämlich nicht selten im sogenannten Zivildienst wieder, dort dann kaum wiederzuerkennen: Nachttopf leerend, Kissen aufschüttelnd, Alte und Behinderte pflegend, saubermachend, Ordnung haltend. Tja, wie das Leben so spielt.

Der größte Fehler ist es eben, den Kindern alles hinterherzutragen, ihnen, auf gut deutsch gesagt, auch noch den Hintern zu putzen, wenn sie längst aus den Kinderschuhen herausgewachsen sind. Fangen Sie doch mal beim Frühstückstisch an! Sie lassen eines Tages, wie die Kids, einfach alles stehen und liegen, wenn's sein muß, bis zum nächsten oder gar übernächsten Tag. Sie brauchen dazu gute Nerven und ein gewisses Durchhaltevermögen. Ihre Schuhe? Verstreuen Sie sie in der Wohnung wie die Kleider. Wetten, es klappt?

Tischlein deck dich!

Manche blieben liegen, während Vater morgens um halb fünf in der Küche leise Feuer im Ofen machte, den Kaffeetopf auf die Herdplatte stellte, sich seine Stullen für die Fabrik schmierte und dann im Blaumann aus dem Haus eilte, auf Arbeit. Meistens lief's umgekehrt: Mutter war die erste.

Heute wird die Kaffeestunde einprogrammiert und nur noch das Geschirr aus der Spülmaschine geholt. Toast oder Fertigmüsli. Das Auto wartet angewärmt in der Garage.

Aber immer noch heißt es, dreimal täglich, wenigstens: Tischlein deck dich. Das Tischlein denkt natürlich nicht im Traum daran, sich zu decken. Wir haben ja Mutti, die muß morgens sowieso raus. Wenn alles aus dem Haus gerannt ist, muß erst einmal das Chaos auf dem Frühstückstisch beseitigt werden: angebissene Äpfel und halbausgetrunkene Kaffeetassen abräumen, honigverschmierte Löffel in die Spülmaschine, das vergessene Frühstücksbrot in den Kühlschrank. Lüften, Bettenmachen, Staubsaugen, Waschen, Überschwemmungen im Bad beseitigen, kurzer Einkauf, rasch noch in die Apotheke, neue Schulhefte besorgen, Müll runter, Mittagessen für die Kinder vorbereiten. Nachmittags waschen, bügeln, stopfen, Hausaufgaben überwachen. Schließlich das Abendbrot. Und wenn's dem Mann in der Kantine nicht schmecken sollte: warm.

Ja, ja, ich weiß — bei Ihnen ist alles ganz anders. Lassen Sie mich doch mal ein Märchen erzählen, eine Idylle zeichnen. Was hielten Sie denn davon, wenn's bei Ihnen, ganz grob gesagt, etwas folgendermaßen zuginge? Nehmen wir an, Ihr ›Muttertag‹ begänne so:

»Mutti, Frühstück!« Jeden Morgen. Tja, Sie haben's offenbar raus. Jeder hilft, oder jeden Morgen ist jemand anderes ander Reihe, immer im Wechsel. Kontinuität, Emanzipation, schon in den kleinen Dingen des Alltags. Da helfen auch die Kleinen nach Kräften, das ist ganz klar. Die paar Handgriffe sind schnell gelernt — das Raus aus der Spülmaschine, das Rein in die Spülmaschine. Butter, Käse, Marmelade, Knäckebrot. Gelegentlich beschert ein Familienmitglied der Frühstücksrunde frische Brötchen, wie überhaupt der Einkauf der täglichen Kleinigkeiten und Frischwaren in die gesamtfamiliäre Verantwortung fällt.

Und wie schön auch mittags gedeckt wird, wenigstens für den Teil der Familie, der über Mittag nach Hause kommt! Meistens kocht, wer die meiste Zeit hat — eine kluge Regel. Selbst die Jungs machen da keine Ausnahme. Keine Überforderung an den Wochenenden — nicht bei Ihnen. Da geht's Hand in Hand. Essen hält Leib und Seele zusammen, das wissen inzwischen alle — und Ihre ›Gemeinschaftsküche‹ wird gerühmt. Alles schon halbe Köche. Und die Küche anschließend? Kein Schlachtfeld. Ach, ich beneide Sie! Auf dem abendlichen Speisezettel steht einmal Huberts Hubertus-Salat (ein Gedicht in Grün und Rot), ein andermal Lisas extrascharfe Graupensuppe mit Knoblauchbrot oder Vaters italienischer Vorspeisenteller: Antipasti. Das Märchen geht noch weiter, nur Geduld!

Ich weiß: Ihre Kinder haben exakten Einblick in die Haushaltslage, kaufen klug und selbständig ein, kennen längst schon die Mühen mit dem Pfennig und der Mark. Wenn Mutter mal verreisen muß oder Vater krank darniederliegt, läuft alles wie in einem amerikanischen Familienfilm der fünfziger Jahre. Ja, ich stimme Ihnen voll zu: Sie haben es schon sehr früh verstanden, aus den alten Rollenklischees auszubrechen. Sie haben, behutsam und mit

Nachsicht, Verantwortung übertragen, Vertrauen aufgebaut und altgewohnte Fixierungen erst gar nicht zugelassen. Ihre Kinder haben mit viel Freude einen Kochkurs bei den Stadtwerken besucht, und als Sohnemann auch noch den gewissen Pfiff beim Backen entdeckte, kam sogar Oma wieder zu Besuch. Wie Sie das gemacht haben? Da war nirgends Zwang. Alles entwickelte sich mit großer Selbstverständlichkeit, von früh an. Wie, bitte sehr, haben Sie sich von Anfang an gesagt, komme ich denn dazu, der ganzen Mischpoke die halbausgeschlürften Kaffeetassen wegzustellen? Bin ich denn das Dienstmädchen? Ich sehe schon: Für Sie war das ganz einfach eine Frage der Gewohnheit. In einer stillen Stunde mögen Sie ja dann einräumen, daß es gelegentliche Einbrüche in diese Idylle gibt, daß schlechte Sitten und anderer Leute Gewohnheiten manchmal auch bei Ihnen einzureißen drohen. Niemand allerdings kann sich auf die vielzitierte alte ›Macht der Gewohnheit‹ bei Ihnen zu Hause berufen und dahin zurückfallen — denn so was gab's ja bei Ihnen nie.

Ein schöne Story, finden Sie nicht auch? Aber ich spüre es: Dieses Muttertagsmärchen hat irgendwas …

Sie sollten vielleicht doch nicht gleich auf ein Märchen aus sein. Klein-Werner muß daher ja auch nicht von heute auf morgen kochen und backen können. Aber wenn er erst mal freiwillig seinen Teller abräumt, wäre ja schon viel gewonnen.

Sooo kurze Beine!

Lotte läuft liebend gern zum Telefon, wenn's klingelt. Es klingelt, und Lotte ist schon unterwegs. »Sag, ich bin beim Einkaufen«, ruft Mutti, die sich eben ein paar Takte ausruhen will. Auf diese Weise hat Lottchen leichten Herzens gelernt, daß geschwindelt werden darf.

Doch derlei Sünden der Erwachsenen sind ein anderes Kapitel. Wissenschaftlich betrachtet, gibt es ›die Lüge‹ im klassischen Sinn längst nicht mehr, wie schon der Begriff ›fromme Lüge‹ sagt. In Wahrheit unterscheiden wir ja mittlerweile schon sprachlich sehr exakt, wobei Lüge und Unwahrheit ganz dicht beieinander liegen. Ist die Ausrede etwa eine Lüge wie die Erfindung? Was ist mit der gekonnten Verdrehung von Tatsachen? In der Politik wird die grobe Unwahrheit oft genug als ›sachlich nicht ganz korrekte Aussage‹ bezeichnet, während die Presse aus der Falschmeldung eine Ente macht, die Krokodilstränen vergießt, wenn sie erwischt werden sollte.

Wenn Kinder schwindeln und flunkern (die leichte Form) oder lügen (die schwere Form), spielt das elterliche Vorbild selten eine große Rolle — bestenfalls beim Kind selbst, das ja genau weiß, wie's gemacht wird. Schwindeleien der Kinder sind meist so harmlos wie Masern, hängen aber im Gegensatz zu diesen oft mit der kindlichen Phantasie zusammen, vor allem im Kindergartenalter. Manche Eltern sind ganz verdattert, auf was ihr Kind da so alles kommt und reagieren fast verärgert, daß es ihnen derart leicht durchschaubare Schwindeleien zumutet, so, als sei die raffiniert ausgetüftelte Lüge positiver zu bewerten. Vor allem beim Kleinkind mischen sich

Nein, Mami, wirklich, der Max wollte raus aus dem Aquarium, ich hab ihn doch extra gefragt!

Phantasie und Wirklichkeit. Kinder haben eine sehr große Vorstellungskraft, auch jenseits der Realität. Wenn das Kind, ins Spiel vertieft, ernsthafte Gespräche mit der Puppe führt, dann sind solche Gespräche für das Kind real. Kinder verweben, halb unbewußt, die tatsächlichen Erlebnisse mit ihren Wünschen, Bedürfnissen und Ängsten zu einer neuen Realität. Beim Wiedererzählen des tatsächlich Erlebten passiert dies besonders häufig. Im Spiel von Licht und Schatten, zwischen Bäumen und Sträuchern am Rande des Spielplatzes ›sieht‹ das Kind ›einen Mann‹, der jeden Tag da ist und zuschaut. Es sieht ihn so deutlich, daß es mit ihm spricht. Wiedererzählt, nimmt der Mann plötzlich ganz konkrete Gestalt an, über die bis in kleine Details berichtet werden kann. ›Der Mann‹ stellt nun für die Eltern eine Bedrohung dar. Selbst auf nachdrückliche Befragung kann das Kind vom Erzählten nicht abrücken — der Mann war da.

Können wir von einer Lüge sprechen? Das Kind sagt ja nicht bewußt etwas Falsches, etwa, um andere zu täuschen, es ist nur noch nicht fähig, Erlebtes, Erdachtes, Gewünschtes zu trennen. Je nach Entwicklung dauert diese Phase bis zum Beginn des Schulalters. Schimpfen oder gar Bestrafungen würden wirkungslos bleiben. Allerdings ist es die Aufgabe der Eltern, den Blick des Kindes für die Wirklichkeit zu schärfen, ohne ihm die Phantasie zu rauben.

In eine andere Kategorie fallen die Notlügen. Sie sind in aller Regel eine Folge bestimmter wie unbestimmter Ängste. Das Kind weiß längst, was den Eltern gefällt und was sie ärgert. Wenn Kinder Angst haben, etwa vor Strafen, reißen sie aus oder bekommen den Mund nicht mehr auf — oder schwindeln eben. Lotte weiß beispielsweise genau, daß sie die Zierfische nur anschauen darf. Ihre Puppe mag aber am Freitag auch gern Fisch. Kein Wunder also, wenn der eine oder andere Fisch plötzlich oben schwimmt. Lotte könnte sich in ihrer Angst zu der Behauptung versteigen, das Fischlein sei freiwillig aus dem Aquarium gekommen. Nur wenn Lotte im Vorfeld bereits die Angst vor Strafe genommen wäre, würde sie die Wahrheit sagen. Sie muß mit dem Verständnis der Eltern als einer festen Größe rechnen können.

Häufige Lügen im Schulkindalter müssen die Eltern natürlich nachdenklich stimmen. Sie sind oftmals ein Symptom, daß irgendetwas nicht stimmt, daß das Kind vielleicht Probleme hat, die ihm nicht lösbar erscheinen. Die Lüge wird zum vermeintlichen Ausweg. Welche Position hat das Kind in der Schule? Ist es halbwegs in die Klasse integriert oder gehört es eher zu den Außenseitern? Gibt es schulische Leistungsschwächen? Wie werden sie von den Eltern bewertet? Eher mit Tadel und Strafen — oder eher mit Fragen nach den Ursachen und unterstützenden Angeboten? Klassencliquen könnten aber auch im umgekehrten Fall reagieren, beispielsweise, wenn der Abstand des Kindes zur bestimmenden Clique zu groß wird oder wenn es zu den Klassenbesten zählt. Nicht selten werden Schulkameraden regelrecht isoliert, wenn sie sich — tatsächlich oder angeblich — unsolidarisch verhalten, wenn sie petzen, gängige Hilfen verweigern oder etwa zu den Strebern gehören. Die Kinder selbst sind kaum in der Lage, die Ursachen von Isolation und Ausgrenzung zu erkennen.

Zu hohe Leistungsanforderungen oder mangelndes Einfühlungsvermögen in die Welt des Kindes, zu wenig Zuneigung, Interesselosigkeit der Eltern gegenüber schulischen Belangen — hier liegt viel häufiger der Hund begraben, wenn sich ein Kind durch seine Probleme mogeln will und von einer Lüge in die andere tappt. Gesundes, gewachsenes Vertrauen im Dreiecksverhältnis zwischen Eltern, Kind und Schule gehören zu den Voraussetzungen für Lernfähigkeit und Motivation. Und: Wo das Vertrauen verloren gegangen ist, muß es wiederaufgebaut werden. Aber erst das Verständnis und die Unterstützung bei der Veränderung der individuellen Lebenssituation helfen dem Kind auch tatsächlich. Scheuen Sie sich nicht, professionelle Hilfe und Rat in Anspruch zu nehmen.

Lügen Sie sich nicht selbst in die Tasche! Wenn Ihr Kind zuviel schwindelt, vor allem mit der Absicht, Sie zu täuschen, dann beginnen Sie bei der Ursachenforschung erst einmal bei sich selbst. Nur das Kind darf aus einer Mücke einen Elefant machen.

Geschenkt!

Die allfälligen Geburtstage sind für alle deutschen Familien, ja, man kann sagen: für die ganze Bevölkerung, immer wieder eine echte Herausforderung. Es wird geschenkt auf Teufel komm raus. Da jedoch der allgemeine Wohlstand immer breitere Massen umfaßt und die typischen Armen an sich ausgestorben zu sein scheinen, muß die Schenkerei langsam, aber sicher allein deshalb zu einem Problem werden, weil wir ja schon alles haben. Schenkende wie Beschenkte wachsen in einer nahezu unglaublichen Warenfülle auf. Sobald also ein Geburtstag naht, verfallen wir in eine Art Schenk-Streß, schlafen tagelang schlecht, sind übel gelaunt und rennen, wie meine Oma trefflich formulierte, wie ein angestochenes Kalb durch Ladenpassagen und Fußgängerzonen, immer auf der Suche nach Besserem, Größerem, Originellerem. Hat früher noch ein einfaches Taschenmesser auf dem Gabentisch das Kinderherz erfreut, so quält sich heute bei einer teuren Lederjacke allenfalls ein müdes Lächeln über das Gesicht. Der solarbetriebene Taschenrechner wird einem bereits beim Kauf von ein Paar Socken als Werbegeschenk nachgeworfen. Kinder von heute können so gesehen bestensfalls noch durch leistungsstarke Laptops, Englischkurse in Wales oder ein rasantes Rennrad beeindruckt werden, und selbst das klappt nicht immer.

Bliebe es nur bei den Geburtstagen, dann ließe sich der Schenk-Streß vielleicht noch aushalten. Leider kommen aber in jüngster Zeit auch die Namenstage wieder in Mode. Geschenkt werden muß jedoch offenbar auch zu Schulbeginn und zu Schulende, bei guten Noten und wie

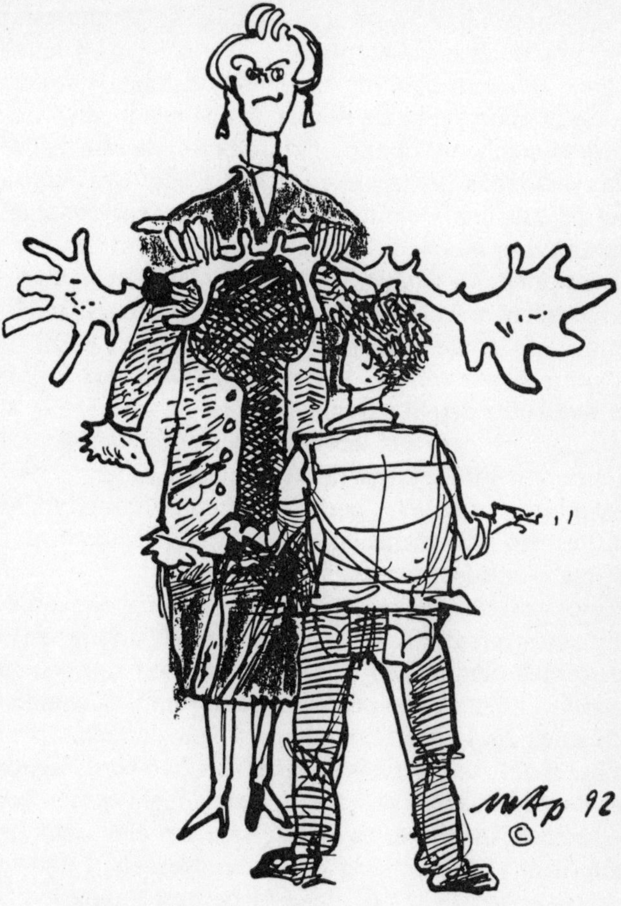

Wölfchen, ist das nicht ein feines Jäckchen? Statt 'nem stinkbürgerlichen Kragen ein richtiges Elchgeweih?

auch immer absolvierten Klassenarbeiten, von Ostern, Pfingsten und Weihnachten ganz zu schweigen. Manche Jungs fordern ihre Geschenke, sobald sie zeugungsfähig sind, jetzt auch zum Vatertag.

Ganz schlimm sind die Kindergeburtstage. Als neulich bei Neumanns die halbe Klasse des neunjährigen Ottokar in der elterlichen Wohnung herumturnte, da war mal endlich wieder das pralle Leben in der Bude. Eva-Marie (8) überraschte das Geburtstagskind mit einem zehnbändigen Lexikon, was natürlich bei den Eltern von Ottokar sofort Revanche-Gedanken wach werden ließ, denn Eva-Marie hat nächste Woche Geburtstag. Jürgen schenkte einen wahnsinnig großen und imposanten Blumenstrauß, den er kaum tragen konnte. Jürgen blieb bei diesem Geburtstag eindeutig der Star-Schenker. Erst abends stellte sich heraus, daß der aus etwas ärmlicheren Verhältnissen kommende Knabe zwei bis drei neue Gräber eines benachbarten Friedhofs geräubert hatte. Immerhin, das Kind wußte sich zu helfen — und, was hinzukommt: Geschmackvoll zusammengestellt das Ganze.

Nachdem die Eltern (beide hatten sich für die Vorbereitung selbstverständlich ein paar Tage frei genommen) ein exzellentes Menü mit fünf Gängen serviert und Kuchen, Cola und Kakao bereitgestellt hatten, verabschiedeten sie sich zu einem kleinen Spaziergang. Kurz danach, etwa zur Halbzeit der Feierlichkeiten, erschien der von Nachbarn alarmierte Hauswirt, was die Kleinen ja nicht wissen konnten. In der Annahme, es handle sich um eine gelungene Geburtstagsüberraschung der Eltern, fesselten und knebelten sie den ganz aus der Fasson geratenen Opa und legten ihn ins Doppelbett der Eltern. Mit der anschließenden Kündigung konnte man ja noch leben, da sowieso die Absicht bestand, dieses kinderfeindliche Haus zu verlassen. Komplizierter wurde es bei der notwendigen Regelung der Schadensersatzansprüche für die eben neu verputzte und in lichtem Grün gehaltene Hausfassade, über die durch ein dummes Versehen etwa 30 Liter Kakao aus dem dritten Stock gegossen worden waren. Die Ursache all der Mißhelligkeiten konnte später rasch ausgemacht werden: Sabinchen hatte von zu Hause eine Videokassette mitgebracht, und zunächst sah ja offenbar für die Kinder alles ganz harmlos aus. Bis dann — im Film, nur kein Terror jetzt! — diesem gemeinen Typen der Kopf abgetrennt wurde — Jubel wie beim Kasperle, der dem Bösewicht ein Schnippchen geschlagen hat. Frau Maier meinte dazu, die Kinder sollten wieder basteln lernen. Und, meinte sie, warum kein Strauß von der Wiese? Welche Wiese, fragten die Eltern.

Lassen Sie doch mal Ihrer Phantasie freien Lauf! Kaufen Sie zwei bis drei Dutzend rote Würste, eine Kiste Apfelsaft, eine Kiste Selters, und dann nix wie raus in Gottes freie Natur. Irgendwo findet sich ein Plätzchen, eine Feuerstelle, wo die Würste gegrillt werden können. Halten Sie die Rasselbande gut im Auge, sonst fehlt plötzlich die Hälfte und Sie müssen mit Hilfe des Bundesgrenzschutzes den halben Wald durchkämmen. Wenn Sie Erfolg haben, in Ordnung. Aber was, bitte sehr, sagen Sie den Eltern, wenn nicht?

Der Umgang

Schon meine Großmutter warnte mich häufig vor schlechtem Umgang. Der Umgang meint in diesem Zusammenhang den Verkehr, den wir pflegen, ohne daß es dabei jeweils zum Äußersten kommen muß. Umgang ist aber vor allem die klassische Geselligkeit. Es gibt vertraulichen Umgang, bei dem man insgeheim hochachtungsvoll den Hut zieht, freundschaftlichen und schlechten. Vom schlechten soll hier die Rede sein. Ich gehe selbstverständlich davon aus, daß wir als Eltern über ein ausgeprägtes Urteilsvermögen verfügen, also zwischen schlechtem und gutem Umgang unterscheiden können. Unser eigener Umgang kann in diesem Zusammenhang nicht diskutiert werden, weil er ja logischerweise von ganz anderen Erfordernissen bestimmt wird als der unserer Kinder. Bei uns hängen schließlich Karrieren am Umgang, oft genug Lohn und Brot für vielköpfige Familien. Die Verantwortung, der tägliche Kampf ums Überleben in dieser Ellenbogengesellschaft zwingen uns deshalb leider so manches Mal, nicht nur schlechten Umgang in Kauf zu nehmen, sondern ihn sogar zu suchen. Schlechter Umgang läßt sich demnach für uns Erwachsene leider nicht immer vermeiden. Von dieser Basis aus werfen wir einen Blick auf den Umgang unserer Kinder. Aus früheren, oft bitteren Erfahrungen wissen wir:

Schlechter Umgang riecht. Schlechter Umgang hat — je nachdem, wie der Zeitgeist durch die Landschaft fegt — sehr kurze oder sehr lange Haare, manchmal sogar Glatze. Schlechter Umgang trägt zerschlissene Jeans, ungebügelte Hemden, manchmal genagelte Fliegerstiefel, kommt offenkundig aus zerrütteten Familienverhältnissen (vermutlich säuft der Vater wie ein Loch) und gerät häufig mit der Obrigkeit in Konflikt. Schlechter Umgang hat eo ipso schlechte Manieren, bleibt zum Essen und färbt leicht ab.

Abfärben: Das ist das Schlimmste und vermutlich auch der Grund für unsere Aufregungen. Wir fürchten, unsere Kinder könnten so werden wie ›die‹ oder ›der‹. Mit großer Sorge lassen wir daher, wenn im Kinderzimmer ›schlechter Umgang‹ Einzug gehalten hat, unsere erzieherischen Bemühungen Revue passieren und bekommen Bauchschmerzen. Zweifel tauchen auf: Sind unsere Kinder wirklich stark genug, den Einflüssen und Verlockungen zu widerstehen? Entgleiten sie uns womöglich, um dann zwangsläufig in der Gosse zu enden?

Wenn Liebe, Zuneigung oder Freundschaft irgendwo hinfallen, dann ist dagegen kein Kraut gewachsen, vor allem, wenn die Kids älter sind. Mißtrauen oder Verbote helfen nicht weiter — Freundschaften lassen sich nun mal nicht verbieten, soziale Kontakte nicht eingrenzen. Das ist auch ganz gut so. Erziehung in gesellschaftlichen Ghettos kann übrigens ganz verblüffende Folgen haben: Die meisten Delikte im Bereich der Ladendiebstähle gehen auf das Konto von Jugendlichen aus ›besseren Kreisen‹.

Überprüfen Sie Ihre Wertvorstellungen! Seien Sie stark, verkraften Sie die Sache mit dem Riechen und dem Essen. Nur so werden Sie auch verkraften, daß andere Eltern eines schönen Tages ihre Kinder vor dem Umgang mit Ihren Kindern warnen.

Dumme Fragen

Sie sagen sich: Bis dahin habe ich glücklich und zufrieden gelebt. Relativ. Aber alles ist relativ. Sie haben Arbeit, eine eigene Wohnung (und das will was heißen), Ihre Ehe läuft bestens, Sie sind sogar halbwegs gesund, sofern Sie die Pollenflugvorhersage beachten. Alles in Butter — bis die Sache mit dem Kind passierte.

Sie haben geschluckt und die Zähne zusammengebissen. Sie mußten die Flurgarderobe wegen des Kinderbettchens verkleinern, später sogar das Bügelzimmer opfern — alles vergessen. So ein Kind braucht eben auch Lebensraum, und was tut man nicht alles für so ein Würmchen. Sie haben es gehegt und gepflegt fast wie Ihren Garten und sich im Laufe der Jahre dann sogar an das Sabbermäulchen gewöhnt, bis der große Umschwung kam, bis es Ihnen wie Schuppen von den Augen fiel: Erst das Kind, dann der Volvo. Ach, wie die Jahre ins Land gingen! Sie haben, wie alle Eltern, viel dazugelernt. Sie haben spät, doch nicht zu spät, erkannt, wieviel Verantwortung so ein Kind mit sich bringt.

Und wie dieses Sabbermäulchen wuchs und wurde! Sie haben sich schließlich voll und ganz hinter Ihr Kind gestellt. Sie haben seine Offenheit und Neugier bewundern gelernt. Ja, Sie sind sogar soweit gegangen, kritische Fragen herauszufordern. Sie haben auf die Einsicht Ihres Kindes gebaut, denn Sie wissen genau: Diese Welt braucht Kritik und Distanz, braucht abwägende, tolerante Menschen, Kreativität und Phantasie, Leute mit eigenem Willen, mit Entscheidungsfreude. Jasager haben kaum Chancen, vorwärts zu kommen. Misch Dich ein, haben

Sie gesagt, laß Dir nichts gefallen, haben Sie gepredigt. Sag Deine Meinung, hinterfrage, laß Dich nicht mit dummen Antworten abspeisen. Die Welt, haben Sie gesagt, ist grausam, sie machen sie uns kaputt, wenn wir uns nicht wehren. Ja, wir machen sie uns vielleicht selbst kaputt, mein Kind, wenn wir nicht aufpassen, wenn wir nicht sorgsamer mit ihr umgehen.

Ihr Kind hat früh schon manche Lippe riskiert. Es hat, allen zum Wohlgefallen, den Worten auch Taten folgen lassen. Keine FCKWhaltigen Produkte (Wahnsinn, was die Kleinen alles schon wissen! Fast wie in dieser Waschmittelwerbung, in der die ganze Familie, wenn sie nur das richtige Pulver nimmt, die Umwelt schützt), keine Einwegflaschen, und kein Joghurtbecherdeckel ging je verloren, sondern kam in die Aluminium-Sammelstelle! Erinnern Sie sich noch, wie stolz sie waren? Wie Sie sich freuten? Ihr Kind engagierte sich selbstverständlich in der Schule, machte in der Klasse den Mund auf, schrieb gar für die Schulzeitung. Und all das freundlich, nie besserwisserisch, nie missionarisch, nie dogmatisch.

Bis die Ernüchterung kam, bis es Ihnen wie Schuppen von den Augen fiel. Es fing damit an, daß diese Rotznase plötzlich fragte, ob man denn wirklich so ein großes Auto brauche. Stellen Sie sich so was mal vor — und das in der eigenen Familie! Fehlte bloß noch der Vorschlag, daß Sie mit dem Fahrrad ins Büro radeln sollten. Das war nicht alles, o nein, es kam noch dicker. Es wurde nichts ausgelassen von diesem Balg — provokative Fragen beim Essen, dumme Sprüche über den Urlaub, unverschämte Bemerkungen über einen neuen Pelz, rüpelhafte Besserwisserei über Berufsziele, gipfelnd in der Anmache, ob nicht Ihr ganzes Leben eine einzige große Lüge sei.

Handgreiflichkeiten sind sinnlos. Nehmen Sie doch statt dessen mal eine Woche Urlaub und denken Sie gründlich nach, wo der Fehler liegen könnte.

Eltern: Lernen, lernen, nochmals lernen!

Ich kann mir lebhaft vorstellen, daß Sie keine Hausaufgaben mögen. Nicht nur, daß der Stoff immer unüberschaubarer, immer komplexer wird. Es ist schließlich kein reines Vergnügen, nach einem anstrengenden Tag mit den Kindern Englischvokabeln zu pauken, über Rilke und Walser zu diskutieren oder die Lehre von den mathematischen Gleichungen zu rekapitulieren. Oft ist doch das Ende vom Lied, daß Sie von den eigenen Kindern öffentlich bloßgestellt werden — selten mit böser Absicht —, etwa wenn die Leherin hinterlistig fragt: »Ah, da hat Dir sicherlich wieder Dein Vater geholfen!?«

Lassen Sie es mich gleich vorweg sagen: Um die Hausaufgaben kommen Sie nicht herum. Mit einer Ausnahme: Wenn Sie eine fast neunmalkluge Tochter oder einen superschlauen Sohn haben. Ist das nicht der Fall, dann sollten Sie Ihren Kindern einen eigenen Hauslehrer spendieren (bereits ab achtzig Mark die Stunde) oder gleich und von vornherein feste Nachhilfestunden für die Kinder arrangieren. Ja, Kinder, Mehrzahl — Sie ahnen es: Bei mehreren Kindern gewähren moderne Nachhilfekräfte Rabatt. Ob mit oder ohne: Kalkulieren Sie von Anfang an eine feste Summe im Familienetat für die nächsten 20 Jahre mit ein.

Am unproblematischsten ist es allerdings, wenn Sie sich selbst umgehend zu einem Kursus bei der nächsten Volkshochschule oder einer vergleichbaren Einrichtung anmelden oder für sich selbst einen Hauslehrer einstellen, um ein wenig Vorsprung zu bekommen. Wisse: Wissen ist Macht! Der Unterrichtsstoff ist heutzutage relativ umfangreich, mit einem Abendkursus, einem Semester, einmal die Woche, ist es schon lange nicht mehr getan. Einschlägige Literatur ist zwar in Hülle und Fülle auf dem Markt zu haben, aber da geht zu sehr das persönliche Feeling verloren.

Nahezu ideal ist immer eine Zweitausbildung als Lehrerin oder Lehrer. Hier empfehle ich allerdings — und das basiert auf den Erfahrungen anderer Eltern —, damit noch vor der Ehe zu beginnen.

Entscheidend ist ja weniger, was irgendwo im Detail gelernt wird. Das Zeugnis macht's. Sie würden staunen, wenn Sie mal in die Zeugnisse Ihrer Vorgesetzten blicken könnten. Setzen Sie sich deshalb neben allen anderen Bemühungen vehement für ein gutes Zeugnis Ihres Kindes ein. Erzeugen Sie gesellschaftlichen Druck, etwa dergestalt: »Wissen Sie, Herr Direktor, wenn mein Sohn in diesem Jahr nicht sitzen bleibt, da tät' sich meine Frau so freuen, daß ich dieser Schule hier ...« (blicken Sie sich an dieser Stelle abschätzend, jedoch nicht zu geringschätzig in den Schulräumen um) »... am nächsten Tag ein neues Klavier stiften würde.« Kurze Pause: »Vielleicht können Sie mir ja eine gute Marke empfehlen.« Dann, etwas nachdenklicher: »Unsere Kinder sollen es doch einmal besser haben ...«

Mach es selbst — das geht am schnellsten und ist am ökonomischsten. Auf diese Weise können Sie von vornherein allen Schulproblemen Paroli bieten und beim Elternabend auch mal den Klassenlehrer mit einem mokanten, süßsäuerlichen »Aber Herr Kollege, Sie müßten doch inzwischen auch längst wissen ...« vor versammelter Elternschaft bloßstellen.

Der größte Fehler besteht darin, daß sich Eltern auf ihre Kinder verlassen. Wiederholen Sie nicht, was Generationen schon falsch gemacht haben. Wer sich auf seine Kinder verläßt, der ist verlassen.

Wenn Boris punkt

Boris ist so ein vernünftiger Junge! Nicht nur das — er ist auch lieb. Boris ist, schlicht gesagt, einfach eine Zierde seiner Eltern. Genügsam, zurückhaltend, freundlich geht er durch die Welt, nicht Klassenbester, wie sich's Vati wünschen würde, aber er marschiert in der Spitze mit. Probleme? Nein. Kein Wunder, bei diesem Elternhaus. Bei Boris zu Hause wird viel gelesen. Wichtige Familienentscheidungen werden diskutiert und gemeinsam getroffen. Der Konsens ist erstes Gebot. Nachbarschaft und Verwandte beneiden die Eltern um diesen Sohn, der einen guten Einfluß auf seinen Freundeskreis hat. In stillen Stunden fragt sich Mutti allerdings hin und wieder, ob denn wirklich alles in Ordnung ist bei Boris. Aber es ist so, und sie dankt Gott.

An diesem Morgen war alles wie immer. Boris stand pünktlich auf wie immer, machte gründlich Morgentoilette, half beim Decken des Frühstückstischs, holte die Zeitung aus dem Briefkasten, kontrollierte mit raschen Griffen und Blicken seine Schultasche, trank seinen Tee (ohne Zucker), schmierte sich wie immer die Schulbrote selbst, nahm noch einen Apfel mit (nicht ohne ihn zu waschen) und verabschiedete sich wie immer mit einem kleinen Küßchen von den Eltern. Dann stieg das Einzelkind aufs Fahrrad — glückliche Eltern hinter sich lassend, die ihm vom Erkerzimmer aus jeden Morgen zum Abschied kurz winkten. Rituale, aber ja, zweifellos. Doch auch eine deutsche Familie!

Als Boris, pünktlich wie immer, nach Hause kam, erlitt Mama ihre erste Herzattacke. Sie hatte dem Sohn schon

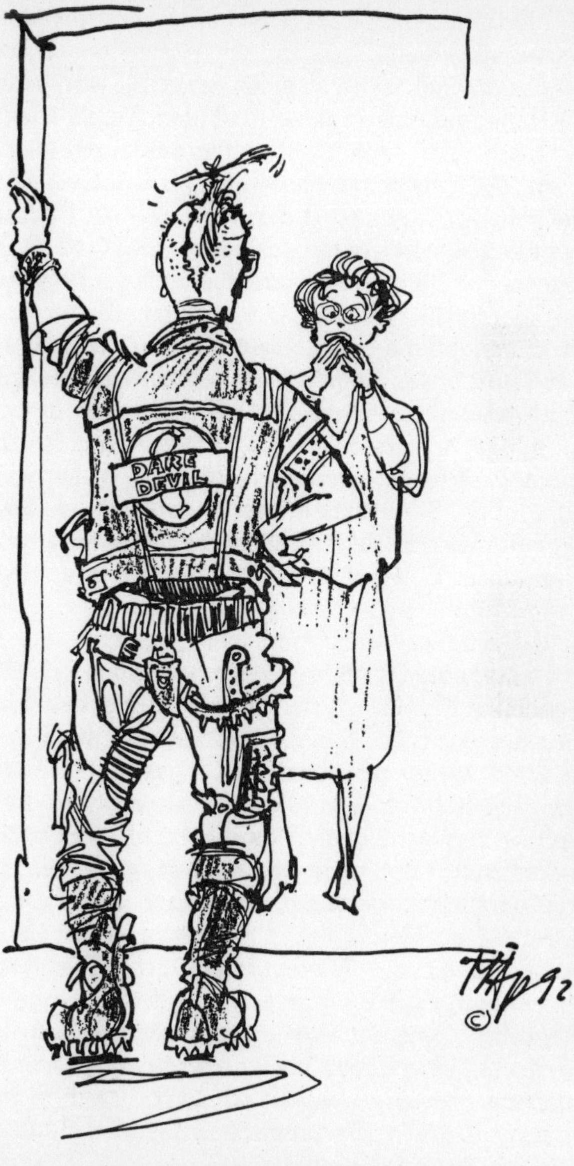
DARE
DEVIL

den Nachmittagstee aufs Stövchen gestellt, als es klingelte. Über die Videoanlage, die den Außenbereich des Hauses überwachte, sah sie einen jener Klassenkameraden von Boris, dem sie in jedem Fall den Hausbesuch untersagt hätte, wäre sie nicht immer so verdammt tolerant gewesen. Mit ihrer angenehmen Stimme flötete Mutter ein »Hallöchen — Boris ist leider noch nicht zu Hause« nach unten. Von unten: »Mami, ich bin's — hab' den Schlüssel vergessen.« Boris hatte offenbar seinen Begleiter ›ins Bild‹ geschickt, um sie zu schocken: Kinder kommen manchmal auf die eigenartigsten Ideen. Nun galt es, gute Miene zum bösen Spiel zu machen. Sie drückte ›auf‹ und blieb, freundliche Erwartung heuchelnd, an der offenen Wohnungstür, um Sohn und Gast anstandshalber zu empfangen. Sekunden später war der Begleiter von Boris schon oben. Sie blickte irritiert nach unten, als ihr dieser Jugendliche mit dem grellgrünen Hahnenkamm auch schon einen Kuß auf die Wange drückte und »Hallo, Mama!« sagte.

Als Mama aus der Ohnmacht auftauchte, lag sie auf dem Sonntagssofa im Herrenzimmer, spürte den leise stechenden Schmerz an den Schläfen und das kühlende Tuch auf der Stirn. Langsam öffnete sie die Augen, um sie sofort wieder zu schließen: Die vertrauten Augen des leiblichen Sohnes — ja, die hätte sie auch im Traum erkannt. Aber nicht den beidseitig bis zum Schädeldrittel kahlrasierten Kopf, nicht das ekelhaft grelle, beleidigende Grün darauf, nicht diesen Geruch nach Gel …

Liebe Frau Mama, lieber Herr Papa — Sie haben vermutlich längst die Pointe dieser Geschichte, direkt aus dem Leben gegriffen, erraten! Richtig: Der Junge mit der Punkerfrisur war der eigene Sohn. Klar, so manche Mutter macht ihrem Leben nach so einem Schock vorschnell ein Ende. Frau Z. — nennen wir sie so — war da von ganz anderem Kaliber. Sie rappelte sich mühsam hoch und schickte Sohnemann auf sein Zimmer — der trollte sich überraschenderweise sofort. Was sie sonst nie tat: Sie setzte sich und rief umgehend ihren Gatten an, der aber leider gerade eine Vorstandssitzung leitete. Sie bestand auf der sofortigen Verbindung. »Eduard, Du mußt umgehend nach Hause kommen — schrecklich!« Sie schob alle Einwände des Gatten mit einem vehementen »Sofort!« beiseite, versicherte aber, daß kein Todesfall vorlag.

Stunden später.

Die Eltern hatten mit Boris geredet, diskutiert, zu handeln versucht, Erklärungen verlangt, Argumente gedreht und gewendet, sich zwischendurch zu einer externen Beratung zurückgezogen, die ohne Ergebnis blieb. Sie hatten sich, im aus der Politik bekannten Vier-Augen-Gespräch, gegenseitig Fragen gestellt, die manchmal fast in Vorwürfen gipfelten. Sie hatten die unterbrochene Verhandlungsrunde mit Boris wiederaufgenommen, weiter diskutiert, verhandelt, wobei es väterlicherseits sogar beinahe zu einem Zornausbruch gekommen wäre. Sie hatten gedroht, es mit Güte versucht. Vergeblich. Es war absolut nichts zu wollen. Boris blieb die Härte in Person.

Eine tragische Geschichte, ich stimme Ihnen zu. Denken Sie nur: Für den Abend war ein gemeinsamer Ballettbesuch vorgesehen, und anschließend wollte man sich mit einer befreundeten Familie zu einem Drink treffen. War daran unter diesen Umständen überhaupt noch zu denken? Die Eltern hatten sich alle verfügbaren Erziehungsberater aus der Bibliothek reingezogen. Der Rest des Nachmittags verging wie im Fluge. Psychiater und Ärztinnen wurden unter dem Siegel der Verschwiegenheit konsultiert — allerseits große Ratlosigkeit. Nach einer angemessenen Denkpause wurde ein Gentleman's Agreement mit Boris getroffen. Der gemeinsame Ballettbesuch durfte keineswegs ausfallen, das der Kultur vorangehende Abendessen zu Hause jedoch wurde ersatzlos gestrichen.

Hinsichtlich der Kleiderordnung gab es keine Probleme. Boris hatte mit einem exzellenten Statement seine Position gefestigt: Die Frisur gehört zu den intimen Persönlichkeitsrechten und steht nicht zur familiären Disposition.

Wagen und Chauffeur wurden für 18.30 Uhr geordert. Um 18.28 Uhr meldete sich Boris vom Flur her mit einem »Ich wäre soweit«. Pünktlich um 18.30 Uhr erschienen Vater und Mutter auf der Bildfläche. Mutter hatte diesmal ein sehr geschmackvolles, interessant ausgeschnittenes Abendkleid gewählt, Vater seine avantgardistische, maßgeschneiderte Seide-Jute-Kombination. Der altvertraute, eher ernst wirkende Stutzbart des Vaters war verschwunden wie sein Kopfhaar. Das indirekte, doch helle Licht der Flurlampen ließ seine vollendete, birnengleiche Glatze glänzen. Im rechten Ohr steckte ein dicker, talergroßer Goldring. Auch Mutter hatte vom sonst schulterlang wallenden Haupthaar Opfer verlangt und vier verschieden gefärbte Strähnen übriggelassen, bei denen das rostige Zinnoberrot überwog.

Überflüssig zu sagen, wie sich der körperliche und seelische Zustand von Boris vor den Augen der Eltern veränderte! Das Gesicht des Sohnes wirkte überrascht, ja, für Sekunden verstört. Aber der Junge fing sich umgehend wieder — es gibt eben Söhne, die Format haben!

Färben statt Prügeln.

High sein, frei sein ...

Es geht mich überhaupt nichts an, ob Sie rauchen. Ja, es ist mir sogar piepegal. Aber wundern Sie sich bitte nicht, wenn Ihre Kinder auch rauchen. An Zigaretten ranzukommen ist ein Kinderspiel — bei Raucherinnen und Rauchern gehören Zigaretten bekanntlich zur Wohnzimmerausstattung. Der nächste Automat hängt übrigens an der Ecke.

Drogen sind ein heißes Eisen, legale wie illegale. Bei Alkohol und Nikotin winken Sie vielleicht müde ab. Die ewigen Moralapostel gehen einem wirklich manchmal auf die Nerven. Immerhin gibt's (in den alten Ländern) rund zwei Millionen Alkoholkranke, eine halbe Million Menschen, die medikamentenabhängig sind, und etwa sieben Millionen Raucher. Die Zahl der Drogenabhängigen und -konsumierenden geht in die Hunderttausende: stolze Zahlen.

Etwa jeder dritte Jugendliche hat schon mal Haschisch oder Marihuana probiert. Für Alkohol und Tabak werden jährlich rund 70 Milliarden Mark ausgegeben. Steuereinnahmen? Enorm!

Die große Angst aller Eltern sind und bleiben die illegalen Drogen. Wenn Sohnemann auf einer Party ist, kann's schon mal sein, daß da einer der ›Freunde‹ den schwarzen Afghanen mitbringt. Vielleicht nur so, mal zum Probieren — wenn das Leben schon keine Abenteuer bietet, dann wenigstens etwas Kitzel. Wer will schon gern zu den Außenseitern gehören? Und wenn bei Tochter Moni übermorgen z. B. eine Mathematikprüfung ins Haus steht, weiß sie heute schon, daß da vermutlich wieder mal nur eine schwache Vier rauskommt. Der Sohn, der immer etwas isoliert in der Ecke steht, will nicht ausgelacht werden und kifft mit. Und Moni weiß, daß es da in der Parallelklasse Leute gibt, denen es ähnlich geht. Aber die Leute sind bei Prüfungen trotzdem gut drauf — die machen sich mit Tabletten und Speed fit, hat sie gehört. Locker bleiben, dann klappt's vielleicht.

»Ich und Drogen? Kommt nicht in die Tüte!« sagt der Sohn. Und Sie wissen: Der hat ja einen ganz guten Bekanntenkreis. Es sind jedoch selten die finsteren Gesellen, die da mal etwas Stoff anbieten, sondern oft sogenannte gute Freunde und Bekannte, Leute, die immer gut drauf sind, die, wie es scheint, das Leben mit der linken Hand meistern — fast wie im Fernsehen. Ärger zu Hause, autoritäre Eltern, Leistungsdruck und Prüfungsängste in Schule oder Universität, Schwierigkeiten in den Beziehungen zum anderen Geschlecht, persönliche Krisen, allgemeine Kontaktarmut und fehlende Lebensperspektiven sind die häufigsten Ursachen für den Konsum von Drogen, für die Flucht aus der Realität. Der schnelle Zugang zu Suchtmitteln aller Art macht den ersten Schritt, den Einstieg überall ziemlich leicht.

Jede Sucht signalisiert eine ramponierte Beziehung zu den anderen Menschen, zum Nächsten. Und die Nächsten sitzen meist am gleichen Tisch. Wissen Sie denn wirklich, welche Sorgen und Probleme Ihr Kind momentan hat? Viele Eltern, die bei ihren Kindern Rauschmittel entdecken, reagieren kopflos, und so manche reagieren überhaupt nicht, aus Angst und Sorge, ihr Verdacht könnte sich bestätigen. Die größte Sorge von so mancher Mutter, so manchem Vater scheint die Nachbarschaft oder Verwandtschaft zu sein — es darf auf keinen Fall irgend jemand mitbekommen, was da in unserer Familie passiert ist. Also Schotten dicht, denken viele. Andere sinnen auf die landläufigen Mittel und wollen den Stier bei den Hörnern packen. Doch alle Untersuchungen zeigen uns: Abschreckung, Verbote und Strafen helfen nur begrenzt. Jetzt ist ein offenes und ehrliches Gespräch angesagt, kein Donnerwetter. Da taucht sicherlich auch manche unbequeme Frage an Sie auf, die nicht abgeblockt werden darf. Panik und Angst verengen die Problemsicht. Viele Eltern beispielsweise geben ihren Kindern regelmäßig Medikamente in der Hoffnung, damit deren Leistungsfähigkeit in der Schule zu heben oder Konzentrationsschwächen zu bewältigen. Wenn zwischen Eltern und Kindern Vertrauen herrscht, wenn noch gesprochen, gestritten und gerungen statt bestraft wird, dann ist der Gang zu einer Drogenberatungsstelle nicht vergeblich. Hier können sich die Eltern kundig machen, bevor sie das Kind mit dem Bade ausschütten. Und hier gibt's Rat und Hilfe für alle, die süchtig geworden sind. Keine Angst: Die Drogenberatungsstellen arbeiten unabhängig und nicht mit der Polizei zusammen. Ungefähr jeder zweite Heroinabhängige löst sich längerfristig wieder von seiner Sucht, wenn ihm von Eltern, Freunden, Bekannten und Beratungsstellen geholfen wird. Merke: Wer glücklich ist, braucht keine Drogen.

Trinken Sie? Rauchen Sie? Nehmen Sie häufig Tabletten? Dann ahnen Sie vielleicht, wie schwer es ist, von Drogen wieder runterzukommen. Aber vielleicht ist ja Ihr Kind noch gar nicht so weit...

Das drohende Wochenende

Nach einer stressigen Woche im Büro droht der Streß in der Familie, und der ist mitunter viel gefährlicher für Herz und Kreislauf. Psychologen sprechen in diesem Zusammenhang vom sogenannten ›Wochenendloch‹, das sich, dem Ozonloch ähnlich, meist ab Donnerstag, oft auch schon Mittwoch, am Horizont des Wochenendes abzeichnet. Spätestens am Donnerstag stellen sich bei etwa 87 Prozent der Erziehenden starke Verkrampfungen ein, weil gewisse Lebenserfahrungen, die bisher erfolgreich verdrängt wurden, wieder an die Oberfläche des Bewußtseins geschwemmt werden. Vor dem geistigen Auge der Betroffenen erscheinen dann mitunter chaotische, unaufgeräumte Kinderzimmer, Droh- und Drangbriefe der Schule, Marmelade auf Sitzflächen, Honig auf Besprechungsprotokollen oder auch schon mal ein überschwemmtes WC, weil Bauklötze oder ein Puppenbein im Innersten der Kloschüssel den notwendigen Fortlauf der Geschäfte behindern.

Schön, die ganze Sache läßt sich durch eine auf Freitagabend geschobene Besprechung, durch drei bis vier Überstunden und ähnliches hin und wieder etwas hinauszögern. Oder ein Messebesuch kann kurzfristig eingeschoben werden — aber letztlich fallen alle berufstätigen Eltern irgendwann in dieses grausame Wochenendloch.

Kluge Überlebensstrategen handeln mit Weitsicht, indem sie sich für das Wochenende wappnen. Es wäre allerdings kurzsichtig, nur das jeweils nächste Wochenende im Auge zu behalten. Wer sich halbwegs erfolgreich wenigstens zwei oder drei Stunden am Samstag oder Sonntag für

Thomas, weißt du, wo Katharinas Puppe ist?

das eigene Ich erobern will — und das gilt gleichermaßen für die Mutter wie für den Vater —, muß langfristig planen (machen Sie sich nichts vor: möglicherweise über Jahre hinweg!).

Wie aber könnten die angesprochenen Strategien aussehen? Was kann getan werden? Die Welt, in der wir leben, bietet in allen gesellschaftlichen Bereichen ein Überangebot. Hier gilt es mitzuhalten. Eröffnen Sie den lieben Kleinen daheim nicht nur Perspektiven, sondern auch Alternativen! Schauen Sie — Sie malen sich in Ihrer Einfalt möglicherweise die schönsten Bilder aus, überdenken klassische Dialoge mit den Kids und fallen dann bei dem ersten besten Vorschlag ganz schnell auf die Nase. Bedenken Sie: Aus purer Mißgunst lehnen Söhne wie Töchter meist den ersten Gestaltungsvorschlag für das Wochenende kategorisch ab und bestehen häufig darauf, gemeinsam zwei bis drei Stündchen mit Mama oder Papa etwas zu unternehmen. An sich verkraftbar — aber aus den zwei bis drei Stündchen wird schnell ein ganzer Nachmittag. Die Kinder arbeiten mit den übelsten Tricks — sie nehmen manchmal sogar gleich Ihre erste Idee begeistert auf.

Strategisches Denken setzt voraus, sich für alle Eventualitäten zu wappnen. Alle Vorschläge, die Sie machen, müssen Ihrem eigenen Zeitrahmen und Ihren Freizeitwünschen entsprechen. Wenn Sie bei diesem Spiel verlieren sollten, muß das Kapitulationsergebnis in jedem Fall Ihren eigenen Bedürfnissen gerecht werden, aber als totaler Sieg von der Gegenseite gefeiert werden können. Anhand einer Liste, die Sie sich machen, können Sie feststellen, wo Ihre Prioritäten liegen.

Frage also: Haben Sie Lust, Eis essen zu gehen oder eine Disko zu besuchen? Wie wär's mit einem Einkaufsbummel? Reizt Sie ein Fußballspiel oder ein vogelkundlicher Spaziergang?

Sie gehen joggen oder schwimmen oder vielleicht auch radfahren? Wäre mal wieder der Besuch auf einem Abenteuerspielplatz angesagt? Was ist mit Zoo, Kino, Theater, Museum, Spielhalle? Überlegen Sie dabei genau, welche Wahl *für Sie* am nervenschonendsten wäre. Freizeitstreß, Sie wissen es längst, gehört zu den übelsten Zeiterscheinungen! Oft ist es allerdings ganz nützlich, am

Wochenende rechtzeitig ›außer Haus‹ zu sein. Stellen Sie sich nur mal vor, gute Bekannte oder Verwandte tauchen überraschend auf, natürlich mit Kindern, um Ihnen eine kleine Freude zu machen. Die waren so unverschämt, Ihre Bemerkung »Besucht uns doch einfach mal!« ernst zu nehmen. Jetzt geht das ganze Theater wieder los: Die Kleinen wollen Eis, die Großen Kaffee und Kuchen, Oma besteht auf koffeinfreiem Kaffee, Tante Erna trinkt ausschließlich Tee, aber bitte mit Zitrone (ungespritzt und unbehandelt). Solchen Schicksalsschlägen entgeht nur, wer rechtzeitig selbst aktiv wird: Schnell einen Happen essen, dann für alle Fälle zwei oder drei Adressen raussuchen, die ganze Familie ins Auto und das erste Ziel anfahren. Exakt zur Kaffeezeit eintreffen. Da es hinten und vorne essensmäßig nicht reicht, peilen Sie klugerweise gleich das Abendessen an. Pure Höflichkeit gebietet freilich, mit einem freundlichen Hinweis den zeitlichen Rahmen abzustecken. Nach einem Blick auf die Armbanduhr, zwischen dem ersten und zweiten Kuchenstück, könnten Sie in etwa formulieren: »Spätestens um acht woll'n wir wieder weg«, und, entschuldigend: »Wegen der Kleinen.«

Wenn Sie bei den anstehenden Freizeitvergnügen den eigenen Lustverlust, Eintrittspreise, Fahrgelder und Verzehrkosten (nicht mal abzugsfähig) hochrechnen: Wäre es da nicht billiger, Sie stecken den Kindern 30 Mark zu und haben Ihre Ruhe? Warum nicht gleich so!

Protzer grüßt Geizhals

Ob Sie's glauben oder nicht: Der Schneider fährt mit dem Rad in die Firma — in seinem Alter! Spitzenmanager — und dann mit dem Fahrrad. Jetzt stellen Sie sich das mal bildlich vor. Wie peinlich. Was sollen denn die Kinder von ihm denken, vor allem die eigenen? Understatement, nichts als Understatement. Ich sage immer zu meiner Frau: Ein Vater muß doch in gewisser Weise Vorbild sein, mehr verlangt man ja gar nicht.

Wahrscheinlich hält der auch seine Kinder künstlich knapp bei Kasse, was das Taschengeld angeht. Na ja, manche haben's vielleicht nötig. Wissen Sie, wir haben ja nun wirklich genug gedarbt in der Vergangenheit, da kann man doch heute weiß Gott etwas großzügig sein! Eddi beispielsweise, mein Jüngster, könnte beim Schulausflug die ganze Klasse freihalten, wenn's drauf ankäme. Macht er natürlich nicht, da wäre er ja schön dumm. Eddi hat inzwischen ein gesundes Verhältnis zum Geld entwikkelt. Ich statte ihn diesbezüglich angemessen aus. Es ist, sage ich immer zu meiner Frau, alles eine Frage des Standards. Unter ein gewisses Level wird bei uns nicht gegangen, weder beim Taschengeld für die Kinder noch sonstwo, und wenn ich mir's am Munde absparen müßte! Standard kann man zeigen — oder auch nicht.

So kann man's natürlich auch sehen, liebe Leserin, lieber Leser. Protzer grüßt Geizhals! Kinder, die an der kurzen Leine gehalten werden, die über jede Ausgabe auf den Pfennig den Eltern Rechenschaft geben müssen, können leicht zu ›Geizhälsen‹ werden, wie umgekehrt eine falsch verstandene Großzügigkeit der Eltern dem Kind

Papi, meine Yacht braucht 'ne neue Takelage. Wie steht's? Sonst kann Mami mit ihrem neuen Freund nicht in See stechen. Aber das darf ich dir nicht verraten, weil es geheim ist.

gegenüber dazu führen kann, daß ein Kind mit seinen Schätzen protzt.

Es gibt zum Thema Taschengeld ein paar ganz gute Regeln. Die erste heißt: Taschengeld sollte nie zu einer Frage des persönlichen Standards der Eltern werden, aber durchaus zum Standard, der beispielsweise in der Schulklasse Ihrer Kinder üblich ist. Sprechen Sie doch bei nächster Gelegenheit mal mit anderen Eltern oder mit der Lehrerin, dem Lehrer. Im Normalfall darf Ihr Kind natürlich nicht in der Lage sein, wieder und wieder seine Schulfreunde auf ein Eis oder eine Portion Pommes einzuladen — dann stimmt nämlich etwas nicht in Ihrer Taschengeld-Praxis. Schlimm, wenn sich Eddi seine Freunde kaufen müßte!

Taschengeld soll regelmäßig gegeben werden, frühestens ab vier oder fünf Jahren und am besten einmal in der Woche. Taschengeld sollte gleichbleibend in der Höhe sein und mit dem Alter des Kindes steigen. Das Kind lernt auf diese Weise schon früh, eigenverantwortlich mit seinem Geld umzugehen. Es soll sich kleine Bedürfnisse selbst befriedigen können. Den vernünftigen und richtigen Umgang mit Geld lernen die Kinder aber auch, wenn sie die Eltern beim Einkauf begleiten und auf diese Weise später selbst in der Lage sind, kleine Einkäufe für die Familie zu erledigen. Vergessen Sie nicht: Das darf keine lästige Pflicht werden, sondern muß dem Kind Spaß machen. Und wenn Sie schon auf Nebeneffekte scharf sind, bitte: Die Einkäufe sind doch letzlich der beste, weil praxisnahe Mathematikunterricht.

Taschengeld, eine andere wichtige Regel, darf nicht zur Reglementierung des Kindes verwendet werden, wie es leider vielfach noch geschieht: Wenn es besonders brav ist, erhält es 50 Pfennige mehr, wenn es ›böse‹ war, 50 Pfennige weniger. Die Erfüllung kleiner Bedürfnisse darf den Kindern allerdings nicht zu leicht gemacht werden —

der Umgang mit dem Taschengeld soll ja auch die Einsicht vermitteln, daß der etwas größere Wunsch durch (kurzzeitigen) Verzicht, durch Sparsamkeit erfüllt werden kann: Wie im wirklichen Leben.

Wenn die Kinder größer werden, werden leider auch die Probleme größer. Mit einer Mark pro Woche ist es da längst nicht mehr getan. Die Kinder fangen an, Ihnen die Haare vom Kopf zu fressen. Alle festen Regeln sind längst über Bord geworfen. Sie finanzieren Mopeds und Führerscheine, Diskobesuche und Tanzkurse. Manche Töchter und Söhne nehmen ihre Eltern aus wie eine Gans. Ich kann da nur mit einem vernünftigen Rat aufwarten: Geben Sie Ihr Kind zu Adpotion frei.

Wenn Sie sich mal wieder grün und blau ärgern, weil der kleine Eddi Ihre gesamte Taschengeld-Philosophie über den Haufen geworfen hat, bedenken Sie bitte: Die heutige Warenfülle, der ›Konsumterror‹ durch psychologisch bis ins feinste ausgeklügelte Verkaufsstrategien lassen Erwachsene haufenweise und so gerne schwach werden – wieviel schwerer hat es da Eddi, seinen kleinen Schatz zusammenzuhalten.

Nicht versetzt

Das kommt in den besten Familien vor: Paule ist sitzengeblieben, ist nicht versetzt worden! Eine Hiobsbotschaft, die manche Familie eigenartigerweise manchmal ganz unvermittelt trifft. Und dann bricht plötzlich eine halbe Welt zusammen. Dabei hatten die Eltern doch sooo hohe Erwartungen an Paule gestellt. Seltsam, wie gesagt, daß manchmal weder Mutter noch Vater etwas von den Schulschwierigkeiten bemerkt haben. Schön, sie hatten nie Zeit, sich so richtig um das Kind zu kümmern. Aber sonst fehlte es Paule an nichts. Gut, sie hatten auch keine Lust, zum Elternabend zu latschen — diese Versammlung von Muttis und Vatis auf engen Schulbänken, mit den leicht vorwurfsvollen Augen-Blicken der Klassenlehrerin oder des Fachlehrers war nicht ihre Sache. Jetzt allerdings haben sie Zeit, sich auf die Suche nach einem Schuldigen zu machen. Zunächst und erstens wird Paule mal so richtig gestriezt und in den Senkel gestellt. Jetzt werden andere Saiten aufgezogen — nicht eben Hausarrest, aber deutliche Signale, daß es so nicht weitergehen wird. Hie und da muß ganz offenkundig durchgegriffen werden. Hat man's denn nötig, sich von dem Jungen auf der Nase herumtanzen zu lassen? Eben! Da rackert man sich als Mutter und Vater den ganzen Tag ab, läßt's dem Kind an nichts fehlen — und jetzt so ein Ärger. Paul stellt doch die Eltern regelrecht bloß! Ich möchte nicht wissen, was Schusters dazu sagen werden.

Auch der Umgang des Jungen muß schleunigst unter die Lupe genommen werden. Taschengeld? Wird überprüft, ganz kritisch. Und dann kommt die Schule an die

Reihe. Da ist doch heute keine Zucht mehr drin. Kein Wunder — sehen Sie sich doch mal diese Lehrer an — die sind ja oft selber noch nicht fertig mit ihrem Leben. Diese moderne Pädagogik. Fürs Demonstrieren haben die Zeit — aber einen doch relativ normalen Jungen wie den Paule durchs Schuljahr zu bringen, das schaffen die offenbar nicht. Überfordert. Man müßte sich mal den Lehrer vorknöpfen — oder hat der eine Lehrerin?

So könnte man's sehen. Aber beginnen wir mal anders herum. Viele Familien müssen sich heutzutage leider mit ›Störungen‹ der Schulleistungen herumplagen. Im einen Fall fallen die Eltern buchstäblich aus allen Wolken, im anderen besteht ein wenig Kontakt zur Schule, die Eltern wissen um die Schwierigkeiten, hoffen aber, daß es das Kind wie bisher schon schaffen wird. Manche Eltern geben sich alle erdenkliche Mühe, aber das Kind schafft's trotzdem nicht. Da ist der Trost schwach, daß irgendwann fast jeder vierte Schüler in seinem Schulleben einmal stolpert. Denn das ›Sitzenbleiben‹ ist, vor allem für das Kind selbst, eine mehr als unangenehme Erfahrung. Ganz schnell ist da das Selbstbewußtsein angeknackst, wird ›Paule‹ zum Außenseiter. Die Ellenbogenmentalität unter Schülerinnen und Schülern ist nun leider mal ebenso verbreitet wie unter Erwachsenen. Solidarische Hilfe für den anderen bleibt die Ausnahme von der Regel.

Das ›Hängenbleiben‹ in der Klasse kann ganz verschiedene Ursachen haben. Sie können im Elternhaus wie in der Schule liegen, in mangelnder Unterstützung durch das Elternhaus, in Lehrern, mit denen das Kind partout nicht zurechtkommt (und umgekehrt), in Motivationsmangel oder Faulheit oder fehlender Begabung. Selbst im letzteren Fall ist keineswegs alles verloen — Begabungen können z. B. trainiert werden. Auch Motivationsmangel ist zu beheben, denn er hat seine häufigste Ursache in schulischen Enttäuschungen, weil Erfolge trotz mancherlei Anstrengungen immer wieder ausbleiben. ›Wiederaufbau‹ ist die erste Regel für alle Sitzenbleiber, denn wer sitzengeblieben ist, hat's schwer genug. Von allen denkbaren Reaktionen ist das gemeinsame Gespräch die beste. Freilich, das braucht Zeit, und die Einsicht, daß man die vielleicht besser früher investiert hätte, kommt oft ein wenig spät. Jenseits von allen möglichen und unmöglichen Vorwürfen und verständlichen Emotionen (»Ich hab's ja geahnt!« — »Wie oft habe ich Dir gesagt — aber nein, Du hast ja nie auf mich gehört!«) muß relativ cool und sachlich analysiert werden, wo denn nun der Hund begraben liegt. Wie sieht's denn bei Paule ganz konkret aus? Wo ist er stark und wo ist er schwach — und weshalb? Lassen sich die Stärken ausbauen? Dann mal ran an den Speck — Paule braucht nichts dringender als Erfolgserlebnisse!

Und wie lassen sich die Schwächen mildern, abbauen? Wenn die Eltern nicht helfen können, z. B. bei den Hausaufgaben oder vor Klassenarbeiten, muß Nachhilfeunterricht organisiert werden. Hier nicht am falschen Platz sparen! Wie steht's denn mit den Lernbedingungen zu Hause, mit dem ›Lernumfeld‹? Vielleicht müssen die Eltern zunächst einmal ihre eigene Einstellung kritisch unter die Lupe nehmen — sprich: ein anderes, besseres, positiveres Verhältnis zur Schule finden. Hat unser Paule ausreichend Zeit zum Lernen oder muß er bereits relativ viele häusliche Verpflichtungen übernehmen? Sollte er dann nicht schnellstens entlastet werden? Gibt's ein eigenes Zimmer, und wenn nicht, dann wenigstens einen ›eigenen‹ Platz, wo ungestört gelernt werden kann? Sie sehen: Dutzende von Fragen, und es sind längst nicht alle.

Fragen und Antworten dürfen nicht verkleistern, sondern müssen motivieren. Wenn Paule sitzenbleibt, lassen Sie ihn nicht sitzen.

Einfach mitessen!

Neulich hat sich Gudrun beim Mittagessen plötzlich die Nase zugehalten. Eigenartig — es kann auf den Tisch kommen, was will — ihr schmeckt's immer. Gudrun, muß man sagen, hat einen ausgesprochen gesunden Appetit. Sie ist auch nie zum Essen gezwungen worden. Wenn ihr was nicht schmeckte — in Ordnung. Kein Problem. Sie war nie wählerisch. Aber diesmal ist ihr regelrecht schlecht geworden. Sie rannte raus, weg vom Tisch. Mutter wurde umgehend blaß, weil sie schon das Schlimmste ahnte, und rannte ihr nach. Gudrun ist jetzt schon Fünfzehn, und da weiß man ja nie. Es war aber weiter nichts, die Sache hat sich rasch aufgeklärt. Es war die Leber. Nein, nicht Gudruns, sondern die auf dem Teller.

Gudrun, die sich sonst immer das dickste Stück Fleisch angelt, erläuterte: Blei und Cadmium. So etwas sagt sie den Eltern rücksichtslos ins Gesicht. Sie will sich künftig ausschließlich vegetarisch ernähren. Mutters Küche ist ihr offenbar nicht mehr gut genug. Jahrelang ging alles gut — und jetzt werden Keime gezüchtet. Überall stehen diese Töpfe, Siebe und Naturholzkästchen herum. Überall an den Wänden Tabellen und Warnzeichen. Jeder kleine Hinweis in der Presse wird dick markiert und unübersehbar auf dem Eßtisch plaziert.

Sagen Sie nicht vorschnell, das legt sich wieder! Das haben sich Gudruns Eltern auch gesagt. Aber es wurde alles nur noch schlimmer. Essen wurde zu einem einzigen Horror. Von einem Tag auf den anderen: Frischkornmüsli, Vollkornbrot, rohes Gemüse, Hirse und Ahornsirup, Rote Bete, Gerstenschleim, Melissentee — und alles aus biody-

Papi, pfui!
Du ißt totes Tier, wie eklig!

Gudrun, dir werde ich's zeigen! Fette Fischstäbchen aus altem Kabeljau, Hamburger mit Ketchup & Mayo. Zäh wie Schuhsohlen und Chicken Wings, so pervers wie Froschschenkel! Fast Food konnte sie noch nie widerstehen.

namischem Anbau. Freilich, man muß ja nicht mitessen — aber wie das schon aussieht! Hinzu kommt ein gewisser Psychoterror, dazu noch so freundlich, fast sanft. Wenn Papa ein saftiges Steak ißt, hält sich Gudrun, entschuldigend in die Runde blickend, die Nase zu. »Tiere«, doziert sie dann, eine rohe Mohrrübe wie einen Zeigestock benutzend, »Tiere stehen fast am Ende der Nahrungsmittelkette. Die Konzentration von Pestiziden nimmt millionenfach zu. In den Fetten reichern sich chlorierte Kohlenwasserstoffe an.« Dann beißt sie genießerisch in ihre rohe Rübe.

In dieser ersten Phase — sie dauerte rund vier Wochen — hatte die Restfamilie noch Glück, denn Gudrun organisierte sich ihr Essen weitgehend selbst: Marke Eigenbau, vorwiegend. Bitte, wenn sie's glücklich macht. Doch dann begann die Tochter zunehmend, sich um den häuslichen Einkauf zu kümmern. Ein guter Zug? Von wegen!

Irgendwann mal schmeckte der Salat etwas seltsam, kurze Zeit später stand kein Zucker mehr auf dem Tisch, und eines Tages gab's morgens nur noch Äpfel von Streuobstwiesen und finnisches Knäckebrot. Schön, sagte man sich — da müssen wir durch! Eine gewisse Toleranz selbst den eigenen Kindern gegenüber muß ja nicht verkehrt sein. Im übrigen ist das alles eine Frage der Gewohnheit. Gudruns Eltern haben sich angepaßt. Es war ein schwieriger, ein mühsamer Prozeß, richtig. Aber das Mädel hat ja im Grunde genommen recht, finden Sie nicht auch? Wenn ich bedenke, was wir da alles mehr oder weniger gedankenlos zu uns nehmen. Na gut, diese Geschichte ist jetzt auch gegessen.

Besuchen Sie doch mal mit Gudruns Eltern den Fast Food-Laden um die Ecke! Gudrun arbeitet dort jetzt aushilfsweise an der Theke, und sie schwört auf die Hamburger. Ihrem Herrn Papa wird's fast schlecht, wenn er sieht, mit welchem Appetit sie in den Big Mac beißt.

Elli hat geklaut

Manchmal ist nichts als Finsternis in der Welt! Was haben Sie nicht alles für dieses Kind getan. Erst die schwere Zeit der Schwangerschaft — von den Mühen der Zeugung gar nicht zu reden —, dann die Fahrt ins Krankenhaus, schließlich die Stunden im Kreißsaal, die Geburt unter Schmerzen (wenn nur nicht dieser Geruch gewesen wäre!), dann die Stillzeit, die alles andere als still war — und jetzt dies: Elli hat gestohlen, gemopst, stibitzt, abgestaubt, organisiert. Schnurzegal: Sie hat geklaut. Ihr eigenes Kind wirft von heute auf morgen, mir nichts, dir nichts, schwere Schatten auf das Elternhaus. All die Jahre, all die Mühen, all die Schmerzen, all die Liebe — weggeworfen!

Elli mag einwenden, daß sie beispielhaft aus Politik und Wirtschaft gelernt hat (Kinder denken in sehr einfachen Strukturen) — aber Sie haben völlig recht: Wir sind hier weder in der Wirtschaft noch in der Politik, wir kriegen auch keine Diäten.

Bitte, bleiben Sie also ganz, ganz cool! Reflektieren Sie in den Stunden der Wahrheit Ihre eigene Kindheit und Jugend. Zugegeben, es waren harte Zeiten damals. Da war oft nur ein Knochen da, an dem sechs Kinder eine Woche lang nagen mußten, bei einem Krug Wasser (oder war das bei den Urgroßeltern?)! Da wurde gedarbt und gelitten. Wenn da mal, aus purer Not, die Finger etwas länger wurden als erlaubt, war das letztlich nicht mehr als Mundraub. Aber Elli — Ihre Elli, Elli, die alles hat, der es an nichts, aber auch an gar nichts fehlt — nicht zu fassen!

War sie zu fassen? Auch wenn es auf der Zunge liegt: Die erste Frage an Elli darf keinesfalls in die falsche Rich-

Elli kann's nicht lassen.

tung gehen, etwa: »Hoffentlich hat man dich nicht erwischt?!« Falsch wäre auch eine zweite Frage, die oft vorschnell nach einem altklugen »Nö, natürlich nicht« gestellt wird: »Doch nicht etwa nur wieder Kaugummi?«

In der Tat spielt es bei der Bewertung des Ladendiebstahls nur eine untergeordnete Rolle, was gestohlen wurde, und auch Mundraub läßt sich nur in den seltensten Fällen geltend machen. Ganz abgesehen davon, daß die Bibel eindeutige Antworten auf diese Frage gibt (Du sollst nicht stehlen): Störend wirkt ja eher die gesellschaftliche Ächtung, der Makel, das Wissen der Nachbarn. (Und Nachbarn wissen alles. Ich frag' mich nur: woher? Oder wissen Sie auch alles über Nachbarn?)

Wenn's denn mal passiert ist, machen Sie's halblang. Es ist sinnlos, Elli mit einem Schild durch die Straßen zu jagen, auf dem steht: »Ich habe geklaut.« Ladendiebstähle (von den anderen schweigen wir mal lieber) von Kindern und Jugendlichen sind ebenso häufig wie solche von arrivierten und wohlhabenden Erwachsenen. Die Zeiten werden kälter, wie unsere Gesellschaft. Spannung, Abenteuer, Angeberei, eine unglaubliche Warenfülle, die das ständige ›Greif nur zu!‹ suggeriert, der Kitzel am Verbotenen, der Reiz des Unerlaubten sind die eine Seite der Medaille — Vernachlässigung, Einsamkeit, fehlende Zuneigung, Orientierungslosigkeit und ins Wanken geratene Moralvorstellungen die andere. Die liebe Not, der klassische Mundraub als Motiv? Fast nie.

Setzen Sie sich doch einfach mal still in eine Ecke und denken Sie in einer ruhigen Stunde (bevor Sie explodieren) mal darüber nach, ob nicht Sie, viel früher als Ihre Elli, etwas falsch gemacht haben. Wär' ja immerhin möglich — es kommt, wie schon gesagt, in den besten Familien vor.

Urlaub, alleine ...

Endlich mal wieder alleine in Urlaub fahren — ach, wer von uns hoffte das nicht! Schön, wir haben ja die Kinder gewollt — aber kaum jemand konnte wirklich ahnen, was da auf einen zukommt. Die gute alte Zeit des Windelwaschens ist natürlich längst vorbei — andererseits: Wer gibt Ihnen denn die Garantie, daß nicht demnächst mal ein rotgrünes Bündnis den Fertigwindeln den Kampf ansagt und Produktion, Vertrieb, Erwerb und Verwendung unter Strafe stellt? Denn gebrauchte Fertigwindeln finden Sie inzwischen allenthalben — in den Toilettenräumen der Bayreuther Festspiele genauso wie auf den Hinterbänken des Bundestags. Und wenn Sie in schlechtbeleuchteten Bussen oder Bahnen mal ganz weich sitzen: Mit Sicherheit eine verlorengegangene oder liegengelassene, doch allemal gebrauchte Fertigwindel. Das nur ganz nebenbei und als Tip für allfällige Kandidatenbefragungen.

Wenn also die Zeit der kleinen Hosenscheißer vorbei ist und die Kinder stubenrein sind, folgen die kurzen Jahre, in denen wir die Tischdecken annageln. Dann kommen Masern, Keuchhusten, Röteln, Radeln, Telefonitis und der Computer, dem schnell erste Zeugnisse und Liebeskummer folgen. Ich beneide Sie wirklich nicht!

Klar: Sobald der Geographie-Unterricht die heimatlichen Gefilde verläßt, bestimmen die Kinder Urlaubsziele, Urlaubszeiten und Urlaubsrouten, mosern auf Campingplätzen und in Hotelfoyers, wollen dauernd Spaghetti mit Tomatensoße essen (wobei trotz gegenteiliger Beteuerungen immer die Hälfte sowieso stehengelassen wird) und vermiesen den harmlosesten Urlaubsflirt. Haben Sie das wirklich verdient?

Die Frage ist also ganz einfach: Wie werde ich im Urlaub die Kinder los? Ein altes, probates Mittel kann infolge der Datenvernetzung heute leider kaum mehr angewandt werden. Viele Eltern haben in der guten, alten Zeit ihre Kinder an irgendeiner Raststätte vergessen und sie nach einem dreiwöchigen Urlaub halbwegs wohlbehalten wieder an der gleichen Stelle aufgenommen und sich für das letzte Stück Wegs nach Hause ihre Erlebnisse schildern lassen. Nachdem aber die Behörden zunehmend unfreundlich darauf reagieren, sind andere Methoden angesagt.

Der erste Schritt ist eine Art moralische Aufrüstung. Die Kinder müssen, je näher der Urlaub rückt, das Gefühl bekommen, willkommene Gäste am Tisch der Familie zu sein. Eine harmonische Atmosphäre ist Voraussetzung für alle weiteren Vorhaben. Lenken Sie dann das Gespräch auf die vier Elemente Wasser, Erde, Luft und Feuer — und schon sind Sie bei der Feuerwehrjugend, die heuer wieder einen Abenteuerurlaub anbietet. Der sei, erwähnen Sie nebenbei, relativ teuer — hier bereits werden die meisten Kinder heiß, denn das Teuerste ist ihnen gerade gut genug. Für die Osterferien avisieren sie einen kirchlichen Jugendverband, für die Kurzurlaubstage um den 1. Mai herum die Gewerkschaftsjugend. Sie können sicher sein: Es gibt viel mehr Jugendgruppen als Urlaubswochen. Besorgen Sie sich Videos der Feuerwehrjugend! Verbieten Sie Ihren Kindern, diese Videos anzuschauen. Verstecken Sie die Videos. Alles Weitere ist nur eine Frage der Zeit. Schönen Urlaub also.

Besorgen Sie sich beim Stadt- oder Kreisjugendring oder übers Jugendamt eine Adressenliste von Jugendorganisationen. Die meisten Gruppen organisieren von der Wochenendfreizeit bis zur Segeltörn europaweite Ferienaufenthalte für Kinder und Jugendliche. Für nicht ganz so betuchte Eltern gibt's häufig einen Zuschuß.

Spiel mal wieder

Meine Oma ist 94 Jahre alt geworden. Als sie noch deutlich jünger war, so um die 90 herum, zog sie jeden aus der Familie beim gemeinsamen Kartenspiel regelrecht ab. Später wollten ihre Hände diese Spielchen nicht mehr mitmachen, also gingen wir zum leichteren Mensch-ärgere-Dich-nicht (oder doch) über.

Oma trank beim familiären Spielabend gern ein Bierchen, ganz entgegen dem Rat ihres Arztes. Ich bin mir sicher: Sie ist nur deshalb so alt geworden, weil sie den guten Rat des Doktors ignorierte. Immer, wenn ihre etwas zittrigen Hände das Glas hoben, passierte Oma ein Mißgeschick. Irgendeins der farbigen kleinen Männchen des Mensch-ärgere-Dich-nicht-Spiels flog aus dem Spielfeld — just meist ein passendes. Aber Oma war beim Aufstellen ebenso rasch wie beim Umwerfen. Alle Mitspielenden drückten dann jedesmal, leise stöhnend, beide Augen zu — Oma hatte ihre Position geschickt (und, nebenbei gesagt, mit sicherer Hand) verbessert. Ja, sie konnte mit Anstand schummeln. Jede Hilfe wies sie natürlich fast schroff zurück. Oma konnte sich regelrecht empören, wenn jemand den eigenen Vorteil ihr zuliebe nicht ausspielen wollte. Sie bestand auf einem ehrlichen Spiel. Wir Kinder waren damals immer auf der Verliererseite. Wie das kam? Ganz einfach. Oma zahlte, und sie konnte zahlen. Die Kinder erhielten als Trostpflaster jeweils 50 Pfennige. War dieses lustige Familienspiel zu Ende, dann hatte jeder gewonnen.

Nervenzusammenbrüche sind Infarkt-Proteste des Körpers. Wer keine Zeit zur Entspannung, zum Spiel mehr

Aber was woll'n Sie denn?
Das ist die Grundausstattung eines
normalen Kinderzimmers.

hat, hat bald überhaupt keine Zeit mehr. Mensch, ärgere Dich nicht so oft!

Sie wissen vermutlich, daß leider — von Ihnen selbst abgesehen — noch die meisten Eltern und Verwandten rollentypisches Spielzeug kaufen. Systembaukästen, Fahrzeuge für draußen und technisches Spielzeug für die kommenden Männer. Im Endeffekt verzichtet man damit darauf, vorhandene Begabungen zu fördern. Bei einer Stichprobenerhebung sagten 31 von 100 Eltern, ihre Kinder hätten kein Puzzlespiel. Ein Drittel hatte gar auf Gesellschaftsspiele ganz verzichtet. In 29 von 100 Kinderzimmern gab es noch nie Modelliermasse. Je fetter das Taschengeld der Kleinen, so zeigte sich, um so magerer die Phantasie der Großen. Einfache Aufstellfiguren zum Beleben von Bauspielen fehlten in 26 Kinderzimmern, Nachziehtiere in 19, Bausysteme wie Lego, Baufix oder Matador in 13. Drei von hundert Kindern müssen auch heute noch auf den geliebten Teddy verzichten, vier von 100 auf einfache Holzbauklötze — den Alten war das ›zu doof‹. Ist es wirklich so schwer vermittelbar, daß all dies zum ›Grundinventar‹ eines drei- bis vierjährigen Kindes gehört?

Bildungsmäßig benachteiligte Bevölkerungsgruppen überschätzen die Bedeutung sogenannter Lernspiele. ›Gehobene‹ Mittelschichten tendieren dagegen viel mehr zu einem breiten Angebot an Spielzeug mit den unterschiedlichsten Funktionsbereichen. Je höher der Bildungsgrad, um so mehr Wert wird auf Anregungssituationen gelegt, auf Möglichkeiten des Lernens im spielerisch-experimentellen Umgang mit den Dingen. Um die immer größer werdende Verschulung müssen sich die Eltern eigentlich nicht kümmern — das machen schon die Kultusminister. Wir sollten uns statt dessen Gedanken machen, wie Phantasie und Eigeninitiative, Spontaneität, Experimentierfreude und Neugier gefördert werden können. Denn

Oma mogelt schon wieder!

wenn die Sinne erwachen, erwacht auch der Geist. Und wenn der Bauch mitspielt, freut sich der Kopf. Der Spielplatz an der Ecke ist längst von Autos umzingelt, der Sandkasten durch Hundekot verdreckt. Die meisten Eltern nehmen dies als gottgegeben hin. Nur keinen Aufstand machen, nur nicht auffallen. Nicht mal dann, wenn's um die eigenen Kinder geht?

Die Seele quietscht. Ballspielen im Hof streng verboten. Das Abstellen von Fahrrädern und Kinderwagen im Treppenhaus ist nicht gestattet. Die aggressiven Verbote in unserer Welt, in der ja auch Kinder aufwachsen müssen, unverbogen, bitte sehr, macht auch sie immer aggressiver. Der Hausmeister, der eben noch mit seinem Hund Gassi ging in Richtung Spielplatz, versteht die Welt nicht mehr. Traurig, sagt er sich, traurig! Früher hätte man … Und der freundliche Herr von der Versicherung, der seinen Wagen halb auf dem Rasen parkt, vertreibt die ballspielenden Kids und verspricht, mit hochrotem Kopf und wutentbrannt, ihnen die Ohren langzuziehen. Die Ellenbogengesellschaft der Erwachsenen trumpft auf — und fällt aus allen Wolken, wenn Scheiben klirren und die Unterdrükkung der Schwächsten in Wut und Aggression umschlägt.

Zeit zum Nachdenken? Vielleicht. Wenn wir die Zeit hätten.

Wann haben Sie eigentlich das letzte Mal am Familientisch gesessen und gemeinsam mit Ihren Kindern ein Spielchen gemacht? Eine Überraschung ist Ihnen sicher: Es macht Spaß. Es gibt ja eine wahre Flut neuer Spiele. Aber es gibt auch immer mehr Kinder und Jugendliche, denen die Lust am Spiel ausgetrieben wird. Warum? Weil immer mehr Spiele unter pädagogischen, psychologischen und soziologischen Aspekten inszeniert werden und Spiele boomen. Erwachsene möchten mit derart ausgesuchten Spielen schon möglichst früh ihren Nachwuchs zurechttrimmen und auf Vordermann bringen. Dabei ist gerade das Spiel ein hervorragendes Instrument, unseren Kindern bei der sozialen Integration, bei Sozialisation und Identitätsfindung zu helfen.

Zurück zu meiner Oma: Neben dem Herumstromern im Viertel und dem Buden und Verstecke bauen erinnere ich mich am lebhaftesten an jene Spiele mit Brett oder Karten, bei denen die ganze Familie ein paar Stunden zusammensaß. Kommunikation heißt das heute, aber heute klappt's nicht mehr. Dallas und Denver (oder wie immer das heute heißen mag) in jedem Wohnzimmer — rund 50 Prozent aller (Einzel-)Kinder sitzen, will eine Untersuchung wissen, zwischen 18 und 20 Uhr vor dem Fernsehapparat. Die Serien, behauptete der Guru einer Fernseh-Programm-Koordination, seien durchaus auch für Kinder geeignet. Wie tröstlich für die Eltern, die dann nur noch das Fernsehgerät einschalten müssen und ihre Kids für ein paar Stunden los sind. Nirgends mehr ein ›Schwarzer Peter‹, keine Mühle meilenweit, Mikado und Dame vergessen, verstaubt. Mensch, spiel mal wieder mit den Kindern!

Dem natürlichen Spieltrieb und Spielwillen sollte bitte schön tunlichst lustvolle Betätigung garantiert werden: Spielen muß ganz einfach Spaß machen, sonst sollte man's besser lassen. Spiel mal wieder!

Kleine Nachtmusik

Wenn dieses Buch erscheint, ist Boris Becker vielleicht schon out — was machen Sie dann? Mit unserer Steffi Graf könnte es ebenso sein. Wenn Ihre Kinder also zum Zwecke des eigenen Antriebs Vorbilder brauchen sollten (und daran zweifelt ja im Grunde niemand mehr), müssen Sie vorausschauend handeln. Ich will Ihnen ja keinen Vorwurf machen — natürlich bieten sich hinsichtlich der Idole auf den ersten Blick Sportlerinnen und Sportler an. Da sieht man wenigstens was. Schön, bei Politikern auch, aber die unterliegen doch viel zu sehr Stimmungen. Von so manchem, von dem jahrelang die Rede war, ist manchmal von einem Tag auf den anderen nichts mehr zu sehen und zu hören. Ich will lediglich sagen: Vorbilder sind gut und nützlich — doch aufgepaßt, welche!

Es könnte ja sein, daß Ihr Peter in diesen Minuten unterwegs zum Tennistraining ist oder aber zu den Glücklichen gehört, die noch fleißig fünfmal pro Woche ihren Trainer zu Hause empfangen. Das gibt Ihnen ein wenig Zeit zum Nachdenken. Was könnte passieren, wenn die Ober-Idole mal weg vom Fenster sind (und beim Sport geht das oft ebenso schnell wie in der Politik)? Dann nämlich erlischt das Feuer der Begeisterung bei Töchtern und Söhnen ganz schnell und es bleibt nichts als kalte Asche (von Ihren ungeheuren finanziellen Investitionen all die Jahre über mal ganz abgesehen). Der Trainer müßte wohl oder übel entlassen werden und vielleicht wäre dann eine kleine Oktoberrevolution auf dem Tennisplatz die Folge.

Was tun? So fragte damals schon Lenin, als er in jungen Jahren in Zürich Tennis spielte. Ich sage Ihnen: Es gibt, trotz gegenteiliger Behauptungen, noch Alternativen jenseits des Dopings, bei denen die Kinder auf Jahre hinaus beschäftigt werden können! Und darum geht's ja letztendlich: die Kinder für Stunden, Tage, Wochen aus dem Haus zu haben, zu fest kalkulierbaren Zeiten, über Jahre. Zweitens: die Kinder müde zu kriegen, aber gleichzeitig im Hinblick auf die Zukunft Grundsteine zu legen. Praktisch denken, ist unsere Devise. Wie originell kann es sein, wenn ein Kind Flöte spielt, wie schön, wenn es bei einem Familienfest mit zarter Stimme die ältere Schwester beim Klavierspiel begleitet. Ehrlich gesagt: Da ist Tennis ein Dreck dagegen! Was bietet sich sonst noch an?

Wie wär's denn beispielsweise mit Geige? Geigen sind nur auf den ersten Blick in der Anschaffung teuer — aber rechnen Sie mal hoch, wie schnell sich Tenniskleidung abnutzt, wie rasant Kinder wachsen, wie rasch Moden und Marken wechseln, und Sie können noch sparen. Die Geige hat ja, im Gegensatz etwa zu einem Klavier, den Vorteil, daß sie sich leicht ins Altenheim zu Omi mitnehmen läßt. Stellen Sie sich bitte einmal vor: Klein-Peterle würde der Oma etwas zum Weihnachtsfest, zum Muttertag oder zum Geburtstag fiedeln. *Ade, zur guten Nacht* oder auch Mozart. Ein kleines Menuett könnte dann für Oma eventuell Anlaß sein, das längst versiegelte Testament noch einmal zu überdenken. Tennis statt dessen? Oma müßte extra ans Fenster geschoben werden, damit sie Peter beim Ballwechsel auf dem Parkplatz zuschauen kann, und ob Vati noch den idealen Partner abgibt, ist doch sehr die Frage. Diese Spielchen machen auch nicht viel her. Und zu warten, bis Peter fernsehreif ist, lohnt sich schon deshalb kaum, weil es viel zu lange dauern würde. Oma sieht ja jetzt schon schlecht — aber sie hört noch ganz gut. Also, zusammenfassend rate ich Ihnen: Geige, nix anderes als Geige.

Peterle spielt für Omi im Altenheim:
»Das Wandern ist des Müllers Lust! ...«

Da immer mehr Wohnungen immer hellhöriger werden, stellt sich vielerorts das Problem des Übens, der Proben — das gilt nicht nur für die Geige, sondern für alle Musikinstrumente. Doch gerade bei der Geige bieten sich ideale Möglichkeiten des Einsatzes außer Haus. Opfern Sie einen alten Hut und schicken Sie Tochter oder Sohn zu den allfälligen Übungsstunden in die nächstbeste Fußgängerzone. Auf diese Weise verdient sich Peter gleich sein Abendessen und hat auch im Alter, wenn die Renten knapper und die Alten immer mehr werden, ein sinnvolles Hobby, das sich ausgezeichnet versilbern läßt.

Musizierende Kinder lassen sich hervorragend bei den verschiedenen Familienfesten und anderen Feierlichkeiten einsetzen, sei es nun eine Hochzeit, wo sie das Geschenk sparen, oder eine Beerdigung, wo sie sich den Kranz schenken können. Falls Oma allerdings noch etwas rüstiger ist, empfehle ich allemal Ballett. Ballett hat Zukunft, und Ballett kann zudem fast überall gezeigt werden.

Freizeitstreß

Komm, wir geh'n die Zeit totschlagen! Mal ganz ehrlich: Seit die Gewerkschaften die 35-Stunden-Woche erkämpft haben, ist es doch langweilig geworden in dieser Welt. Schön, wir können vielleicht anstandshalber noch ein paar Überstunden herausschinden oder einen Umweg fahren, aber einmal ist eben doch Schluß, dann heißt es: Ab nach Hause. Doch freuen Sie sich mal nicht zu früh. Das kleine Händereiben über den Aufschub bleibt von kurzer Dauer, denn das Freizeitloch ist nicht aufgehoben, sondern nur aufgeschoben, weil es eines Tages unverschämterweise für die vielen Überstunden den sogenannten Freizeitausgleich gibt. Und dann wird alles nur noch schlimmer.

Nachdem wir kaum noch Angst vor eventuellen Kriegen haben müssen, grassiert die Furcht vor der Freizeit wie eine ansteckende Krankheit, der selbst schon die Kinder anheimfallen. Befragt, was sie als größte Beeinträchtigung künftiger Lebensqualität sähen, nannten rund 82 Prozent der Bevölkerung die Umweltbelastungen durch den Autoverkehr. An vorderer Stelle rangieren sodann Freizeitunfälle (64 Prozent), Freizeitstreß — gemeint ist hier vor allem die Unfähigkeit, mit sich und dem arbeitsfreien Teil des Lebens umzugehen — (62 Prozent) und Vereinsamung (51 Prozent). Freizeitstreß kann so gesehen nur durch Arbeit aufgehoben werden, und da stört der Feierabend. Die meisten Computer sind kompatibel — die Menschen leider nicht. Die moderne Familie von heute ist daher längst wie ein Büro bestens durchorganisiert — da bedarf es keiner großen Worte.

Dummerweise wird diese Familienorganisation häufiger gestört, so, wenn bei den Kindern urplötzlich Probleme auftauchen. Aber nennen Sie mir mal ein Problem, das nicht mit einer Erhöhung des Taschengeldes zu lösen wäre! Im übrigen kompensieren wir unsere Ängste, Wünsche und Probleme allemal durch das Fernsehprogramm: 20 Kanäle, und alle voll.

Nicht auszudenken aber, was passieren könnte, wenn das Fernsehgerät mal zu einer Stunde ausfiele, in der kein sofortiger Ersatz zu beschaffen wäre. Stellen Sie sich vor, Sie müßten sich unterhalten, einfach so, in einer Zeit, in der wir dem persönlichen Gespräch tunlichst aus dem Wege gehen. Man schaut ratlos in die Runde, eröffnet den ungewohnten und traurig-stillen Familienkreis vielleicht mit einem freundlichen: »Tja, dann wollen wir mal ein bißchen miteinander reden. — Äh — wo war ich stehengeblieben?« Zugegeben, eine fatale Situation, vor allem, wenn Sie nicht für solche Notfälle eine fertige Tagesordnung in der Schublade liegen haben.

Muster-Tagesordnung für alle Eventualitäten:
TOP 1: Jürgen fragen: Wie geht's?
TOP 2: Diskussion über Jürgen.
TOP 3: Beschlußfassung über Jürgen.
TOP 4: Bericht über meine Arbeit im Betrieb.
TOP 5: Diskussion: Was lernen wir daraus?
TOP 6: Verschiedenes.
Wenn Mutter noch bügelt, sollte sie in einer Sitzungspause zur Berichterstattung kurz dazustoßen.

Nicht mal das

Frau M. aus Z. schrieb mir mal, daß es bei ihnen nicht mehr so recht klappe mit der normalsten Sache der Welt. Bisher sei eigentlich alles gut gegangen — eine harmonische und glückliche Beziehung sexuell aktiver Partner. Jetzt aber hat Frau Z. Probleme, ›entdeckt‹ zu werden. Die Kinder sind größer geworden und neugieriger. Die beiden halbwüchsigen Kinder bleiben länger auf oder kommen spät nach Hause. Frau Z. und ihr Mann müssen stets damit rechnen, daß die Tür aufgehen könnte.

Nun sagen Sie nicht gleich, das sei doch lächerlich. Manche Wohnungen sind nun eben mal leider ziemlich klein und hellhörig. Man hockt praktisch fast aufeinander. Das Problem des ungestörten Sex haben nun mal nicht nur die halbwüchsigen oder erwachsen werdenden Kinder, sondern auch ihre Erzeuger. So manches Mal reagieren die Partner dann recht eigenartig: Sie verzichten auf Sexualität, verkneifen sich Lust und Erfüllung und werden grantig. Üblicherweise sind Kinder heute doch — mit Einschränkungen — aufgeklärt. Sie können sich mehr oder weniger lebhaft vorstellen, daß auch ihre Eltern ein Sexualleben haben. Das Problem besteht eher darin, daß wir, weil die Kinder ja aufgeklärt sind, nicht ›darüber‹ reden. Es ist doch ganz klar, daß auch die Erwachsenen Ruhe und Ungestörtheit, ihre eigene Intimsphäre, brauchen. Das läßt sich vermitteln, wenn das Verhältnis zu den Kindern halbwegs normal ist.

Wenn die Kinder nicht selbst merken, daß heute abend bei Ihnen etwas abgehen soll, weil sie in dieser Beziehung eine Elefantenhaut haben, muß man's ihnen eben sagen: »Hört mal her – wir wollen heute abend mal allein sein, ungestört. Wir brauchen das mal wieder – und wenn ihr's braucht, sagt Bescheid.«

Shopping-Popper

Ich wußte es vorher auch nicht — aber es gibt sie wirklich, die Shopping-Popper. Das ist eine ganz tragische, allerdings keineswegs neuartige Erscheinungsform von Kindern und Jugendlichen. Bei den Shopping-Poppern muß man mit der Kritik wahnsinnig vorsichtig sein, sonst hat man ruck-zuck den gesamten deutschen Einzelhandel wegen Verleumdung am Hals. Die Gruppe der Shopping-Popper steht gewissermaßen unter Naturschutz, weil sie ohne jeden chemischen Zusatz in der Lage ist, jemandem in kürzester Zeit die Haare vom Kopf zu fressen, vornehmlich den eigenen Eltern. Wer sich jetzt damit tröstet, daß die ganze Sache ja dann in der Familie bleibt, freut sich zu früh, weil ja die von dieser Spezies armgemachten Eltern wiederum der Allgemeinheit zur Last fallen — mithin Ihnen und mir, um genau zu sein. Shopping-Popper wissen haargenau über die Einkommensverhältnisse ihrer Eltern Bescheid, kennen die stillen Reserven, die Höhe von Festgeldkonten und zu erwartende Erbschaften und entwickeln sich vor allem dann zu wahren Rechenkünstlern, wenn es um neue Klamotten geht. Bei Shopping-Poppern geht es übrigens immer um neue Kleider. Sie blicken morgens, unmittelbar nach dem Aufstehen, tieftraurig in die Kleiderschränke, sind ratlos und niedergeschlagen und werden derart blaß im Gesicht, daß Vater und Mutter am liebsten den Notarzt rufen würden. Der Shopping-Popper aber würde hier nur müde abwinken. Der geschilderte Zustand kann sich über Tage, Wochen, ja Monate hinziehen und ist häufig nur mit einem Gewaltmarsch durch Kaufhäuser und Boutiquen aufzuheben, bei dem der Kauf ganzer Wagenladungen neuer Kleider zur unbedingten Therapie gehört. Shopping-Popper aus bessergestellten sozialen Schichten haben sich selbstverständlich auch besser in der Gewalt, daher kommt es seltener zu derartigen Kauf-Exzessen. Gruppen aus allen Schichten ist gemeinsam, daß sie in sogenannten Kauf-Rudeln durch die Innenstädte ziehen und sich jeder Herausforderung der Konsumwelt mutig stellen. So wurde aus München der Fall eines 14jährigen Shopping-Poppers bekannt, der einem angesehenen 84jährigen Stadtrat einen Lodenmantel vor der Nase wegkaufte. Shopping-Poppern kommt einem verschleppten Keuchhusten gleich. Vermutlich wurde Sohn oder Tochter schon im Kinderwagen zu einem Einkaufsbummel mitgeschleppt, ohne daß sich die Eltern viel dabei dachten. Ein bis zwei Jahre später, als das Kind sprechen konnte, waren die ersten Worte: »Haben, haben«, und immer wieder: »Haben, haben, haben!« Damals hat man vielleicht über so einen durchsetzungsfähigen kleinen Strolch gelacht — heute vergeht einem das Lachen, und sei es auch nur aus rein finanziellen Gründen.

Sie sollten beim ersten Anzeichen dieser Krankheit sofort einen Arzt konsultieren, falls es nicht schon zu spät ist. Shopping-Poppern ist ansteckend — halten Sie bitte jüngere Geschwister von dem Patienten fern. Krankheitsträger waren früher ganz normale Münzen und Scheine, während es heute in erster Linie Plastikkarten in den verschiedensten Farben sind.

Rettung in der Not: Selbsthilfegruppen für Eltern

Wir haben uns wirklich für die halbe Welt eingesetzt — für die artgerechte Aufzucht von Geflügel, humane Schulen und eine Fußgängerampel, für Afrika, den Einsatz von Sonnenenergie, für tropische Regenwälder, für Kinderspielplätze und das deutsche Reinheitsgebot beim Bier. Aber persönlich sind wir auf der Strecke geblieben. So manche, so mancher von uns ist nach dem pausenlosen Einsatz für eine bessere Welt als menschliches Wrack zurückgeblieben — Eltern-Strandgut, gut allenfalls noch für eine Titelgeschichte im ›Spiegel‹. Wir haben unsere gesellschaftlichen Pflichten erfüllt und auch beim Problem des Nachwuchses das Notwendige geleistet: Unsere Kinder sind auf der Welt, sind da, mitten unter uns und in den meisten Fällen dank unserer Fürsorge strotzend vor Gesundheit und Selbstbewußtsein. Doch dieses Selbstbewußtsein nimmt rasch eigenartige Züge an — wie kurz ist doch der Schritt vom gepflegten Ein-Kind-Haushalt ins Milieu kindgeschädigter Eltern!

Es gibt in jeder Familie einen Knackpunkt, der nicht verpaßt werden darf. Dann sagt man sich: Wenn wir uns jetzt nicht wehren, werden die Kids frecher und frecher und werfen uns möglicherweise eines Tages — unter Vorwänden — aus der eigenen Wohnung raus. Alles schon vorgekommen, alles schon dagewesen. Und dann sehen Sie alt aus, wenn Sie so ein Schicksalsschlag unvorbereitet trifft.

Ich garantiere Ihnen: Für die Eltern von heute macht niemand mehr einen Finger krumm, denn alle wissen es:

Wir hätten sie vielleicht doch besser im Kinderzimmer lassen sollen — und schau mal Papi an: Er hofft immer noch auf die Rücknahme des Entmündigungsantrags.

Sobald Sie Mutter oder Vater geworden sind, befinden Sie sich, um das schöne Bild vom Lebensbaum aufzunehmen, bereits wieder auf dem absteigenden Ast. Ja, so mancher sieht in Ihnen nur noch die Kassenpatienten von morgen oder übermorgen, die Bewohner von Altensilos, die verkehrsbehindernden Rollstuhlfahrer. Sie, niemand anderes, Sie sind doch in ein paar Jährchen schon jene, für die sich die Kids von heute dann abzurackern haben.

Gesellschaftlicher Sprengstoff, unter uns gesagt! Es könnte sogar soweit kommen, daß die Generation der Jüngeren hin und wieder mal ein Altenheim anzündet, wenn sich genügend Frust angestaut hat. Ich will Ihnen weiß Gott keine Angst machen — aber gute Psychologen wissen: Gefühle brauchen ein Ventil. Frage also: Sind Sie auf alle Eventualitäten vorbereitet? Wissen Sie, was zu tun ist, jetzt?

Es ist daher höchste Zeit, daß die Eltern für ihre eigenen Interessen auf die Barrikaden gehen. Das mag brutal, ja fast revolutionär klingen, aber es ist an der Zeit, Zeichen zu setzen!

Vergegenwärtigen Sie sich doch nur einmal die mannigfachen gesellschaftlichen Nachteile, die Sie als Eltern haben. Zu vielen Festivitäten werden Sie, nur weil Sie Mutter oder Vater sind, nicht mehr eingeladen. Im Supermarkt schaut man Ihnen mißbilligend nach, wenn Sie mehr als ein Kind haben. Und auf dem Wohnungsmarkt haben Sie sowieso nur als Single Chancen. Hinzu kommen Benachteiligungen im Berufsleben, im Straßenverkehr und im Freizeitbereich.

All dies ließe sich vermutlich leichter ertragen, hätte man eine Art ›Fluchtburg‹. Aber auch zu Hause ist ja inzwischen der Teufel los — nicht nur, daß die Kids inzwischen ungefragt die Kleider der Eltern tragen, die Haushaltskasse verwalten, die Autoschlüssel verwahren und das Telefon blockieren, nicht nur, daß halbe Schulklassen das Weinlager plündern und sich bei Abwesenheit der Eltern in deren Betten, ganz offen gesagt: vergnügen!, nicht nur, daß die Kinder längst bestimmen, was im Fernsehen angeschaut wird und auf den Freundes- und Bekanntenkreis der Eltern verschärft Einfluß nehmen — dies alles sind letztlich Situationen, die zum Alltag gehören, faktisches Gewohnheitsrecht. Manche Kinder sind trotz aller erzieherischen Bemühungen inzwischen so kaltherzig,

HILFE F.
WOHNSITZ
LOSE
ELTERN
???

daß sie ihren Eltern Stück für Stück vom eigenen Lebensraum entziehen. Vielen Eltern bleibt dann als Zufluchtsort nur das kleinste Zimmer — meist das ehemalige Kinderzimmer, aber immerhin noch von früher her mit eigenem Telefonanschluß und Fernsehapparat. Nicht ungewöhnlich ist auch, daß immer mehr Mütter und Väter von den Kindern Hausarrest erhalten, wenn sie die Hausaufgaben nicht ordentlich gemacht haben.

Sie halten das alles für übertrieben? Wie glücklich und naiv Sie noch sind! Aber ich warne Sie: Eines Tages könnte es ein böses Erwachen für Sie geben. Sorgen Sie daher rechtzeitig für alle Eventualitäten vor. Schaffen Sie sich eine ›schwarze Kasse‹ an, von der die Kinder nichts wissen dürfen. Sie sollte immer so ausreichend Bargeld enthalten, um größere Distanzen überwinden zu können. Konsultieren Sie alsbald einen Rechtsanwalt, sichern Sie Ihr Vermögen vor dem ungewollten Zugriff der Kinder. Vorsicht: Es gibt Kinder, die nicht davor zurückschrecken, Vater oder Mutter (oder beide!) entmündigen zu lassen! Organisieren Sie ein Notruftelefon für gestreßte und mit solchen Kindern geschlagene Eltern, ein Telefon, über das Rat und Hilfe möglich ist.

Entscheidend sind aber allemal konkrete, organisatorische Maßnahmen. Suchen Sie Mitstreiterinnen und Mitstreiter gegen die Kinder (Chiffre-Anzeigen!). Gründen Sie Eltern-Selbsthilfegruppen im Wohnbezirk, im Stadtteil, landes-, ja, bundesweit! Veranstalten Sie Solidaritäts-Aktionen vor den Häusern gestreßter Eltern (Mahnwachen, Sitzblockade vor der Garage, Kerzen-Demos). Lassen Sie sich nicht zu Gewalttaten hinreißen, etwa, indem Sie einem anderen gestreßten Vater fünf Mark anbieten, wenn er Ihrem Sohn mal eine runterhaut. Gehen Sie bei allen Vorbereitungen behutsam vor — die Elternselbsthilfegruppe sollten Sie zunächst als harmlosen Stammtisch deklarieren, damit die Kinder nicht mißtrauisch werden. Viel

Glück jedenfalls Ihnen allen — und merke: Wer sich nicht wehrt, lebt verkehrt!

Der nächste Elternstammtisch wird überrascht sein, wenn Sie diesmal schon fertige Transparente und Sandwich-Plakate für die geplante Eltern-Demonstration mitbringen. Hier einige Vorschläge, die Sie mit lokalen Forderungen mischen sollten:

- *Schluß mit der gesellschaftlichen Ächtung der Eltern!*
- *Gleiche Rechte wie für die Kinder!*
- *Gegen Aussonderung und Isolation!*
- *Unterdrückte Eltern, vereinigt Euch!*
- *Gemeinsam in ein frohes Alter!*

Demonstrationen sind nach dem Versammlungsrecht entgegen landläufiger Meinung nicht genehmigungspflichtig, *sondern müssen lediglich 24 Stunden vorher angemeldet werden.*

Alles hat seine zwei Seiten

Wenn der Sohn urplötzlich den Kriegsdienst verweigert, statt Major zu werden, weil Sie sich das gewünscht hatten: Trösten Sie sich — es könnte auch umgekehrt sein, und dann möcht' ich Sie mal sehen! Der pazifistische Vater, vom Innersten her jeder Gewalt abhold, ein Ausbund an Toleranz, stets das Gute und Schöne predigend, erzieht seinen einzigen Sohn im Geiste Martin Luther Kings, ja, sogar Gandhis. Es klappt auch alles wunderbar. Der Junge ist so erzogen worden, daß er keiner Fliege etwas zuleide tun könnte. Er liebt die Natur, gehört zu den Klassenbesten (außer im Sport). Er spielt ebenso freiwillig wie wunderbar Klavier, und er wird, soviel steht jetzt schon fest, mal Pädagogik und Philosophie studieren.

Nun, unmittelbar nach einem glänzend bestandenen Abitur, meldet er sich freiwillig zum Bund, haut von zu Hause ab und schwört (um den Vater zu schocken), erst dann wieder ins elterliche Haus zurückzukehren, wenn er Offizier oder so geworden ist. Tja, da würden Sie alt aussehen mit Ihrer großen Toleranzschwelle!

Das Leben ist grausam und hat vielerlei Überraschungen für uns parat. Der umgekehrte Fall ist für den wehrtüchtigen Vater genauso wenig ein Zuckerschlecken. Sohnemann, immer gehorsam, genügsam, stramm und sportlich, technikbegeistert und hart im Nehmen, wenn's sein muß, Sohnemann, der schon mit drei Jahren die Panzerschlacht am Dnjepr historisch genau nachspielen konnte, Sohnemann, der sich durchsetzt im Leben, daß es eine wahre Pracht ist, Sohnemann, der genau weiß, wie eine Karriere beim Bund aussieht, will von jetzt auf nachher anderen Leuten, grob gesagt, den Hintern abwischen: Kriegsdienstverweigerer, ziviler Ersatzdienst. Jedes Donnerwetter ist vergebens, alle Erziehungsbemühungen werden mit einem Schlag ad absurdum geführt, zunichte gemacht. Tja, Herr General — was machen wir jetzt? Stillgestanden geht nicht mehr. Aber auch wir trösten uns, würde Ihnen der Therapeut zuflüstern, denn: Es gibt Schlimmeres. Immerhin kann Sohnemann als Zivildienstleistender auch den Führerschein machen (alle Klassen). Und wer weiß: Vielleicht können Sie ja mal von seinen Fähigkeiten in der Altenpflege Gebrauch machen. Es hat eben alles seine zwei Seiten.

Wer sein eigenes, sein heimliches Idealbild auf Töchter oder Söhne projiziert, ist meist schlecht beraten, weil weder das Leben noch die Kids solche Spielchen mitspielen werden. Projektionen sind (in unseren Zusammenhängen) in erster Linie emotional geprägte Wunschvorstellungen, die auch noch ziemlich weit in die Zukunft hineinreichen. Unsere Ideale hinken der Realität schon nach kurzer Zeit hinterher. Leider — oder Gott sei Dank — können nicht alle Mädchen Kinderärztin werden, nicht alle Jungen Architekt (Wunschberufe befragter Eltern). Weit realistischer sind da die Wünsche der Kinder: Baggerführer (brauchen wir immer) und Stewardess (Luftverkehr nimmt dramatisch zu — zukunftssicher). Irgendwann einmal in der Familiengeschichte treffen solche unterschiedlichen, ja unvereinbaren Idealvorstellungen auf einem Punkt zusammen — und dann ist der große Crash fällig. Es ist ganz logisch, daß durch zu starke Eingriffe der Eltern in der ›Berufsfindungsphase‹ spätere Konflikte vorprogrammiert werden. Ganz abgesehen davon wird es in den seltensten Fällen klappen, wenn Eltern selbstherrlich die Berufswahl ihrer Kinder bestimmen wollen oder wenn sie gar deren eigene Berufswahl verbieten.

He, Lore, dein Sohn übt schon wieder mit Großvaters Säbel. Und ich dachte schon, den Krieg hätten wir gewonnen!

Der Vater: »Ich verbiete Dir ein für allemal, Schornsteinfeger zu werden!« Die Mutter: »Weißt Du auch, daß Du uns sehr, sehr enttäuscht hast?« Die Tochter: »Wißt Ihr, was Ihr mich könnt?«

Krach schlagen

Haben Sie nicht manchmal auch den fatalen Eindruck, daß das Harmoniebedürfnis in der Gesellschaft immer größer wird? Eine öffentlich geführte Auseinandersetzung wird heutzutage gleich zum ›Krach‹ — keine Rede mehr von der einstens propagierten Streitkultur, dem offenen Austausch von Argumenten. Aus unterschiedlichen Meinungen werden sofort ›tiefgreifende Differenzen‹. Der hochgelobte kritische Diskurs wird sofort zum Zank. Kritik? Wenn überhaupt, dann in Watte verpackt. Vertragen wir etwa keinen Widerspruch mehr?

Eine ganze Gesellschaft bietet alle ihre Fähigkeiten auf, um die individuellen Wünsche und Bedürfnisse möglichst vieler Menschen zu erfüllen. Im Sonderangebot, im Dreierset oder in exklusiver Geschenkverpackung werden uns Freiheit und Abenteuer offeriert, Glück, Sonne, Jugend, Spaß und Liebe. Wer das nötige Kleingeld hat, wird zuverlässig bedient. Es sind die Ersatzdrogen einer auf Leistung getrimmten Gesellschaft, deren Normen komplementär wirken: Sie färben auf das individuelle Verhalten ab. In vielen Beziehungen, in vielen Familien ist Streit out — wir zahlen lieber. Streit geht an die Nieren, an die Nerven, und die haben wir nicht mehr. Denn (pauschal und vereinfacht gesagt) alle Kraft und Kreativität muß ja in den Job gesteckt werden, will man mithalten. Für den Feierabend bleibt dann eben nicht mehr viel übrig. Nach einem streßreichen Tag haben wir keine Ader für Auseinandersetzungen und, wie uns scheint, endlose Debatten, keinen Nerv mehr für Kinder und deren Nöte und Sorgen. Die Devise heißt: Ruhe haben, koste es, was es wolle.

So ein übersteigertes Harmoniebedürfnis kann oft fast paradoxe Nebenwirkungen zeitigen. Kinderpsychologen

Bravo! Sie haben Ihren Sohn mit viel Einsatz zur freien Meinungsäußerung erzogen. — Aber der Rasierschaum gehört immer noch an Papas Bart …

… unterdrücken Sie deshalb nicht länger Ihre wahren Gefühle, denn auch Ihr Sohn hat ein Anrecht auf eine klare, unmißverständliche Antwort.

haben beispielsweise festgestellt, daß dort, wo immer eitel Sonnenschein herrscht, von allen Seiten ziemlich oft geschummelt und geschwindelt wird. Um keinen Krach zu provozieren, passen sich die Beteiligten dem Harmoniebedürftigsten an. Der so entstehende Anpassungsdruck wird mit ›Rücksicht‹ entschuldigt. Den Kindern wird direkt und indirekt signalisiert (um des lieben Friedens willen), allen Auseinandersetzungen aus dem Wege zu gehen. Wenn dann aber Probleme auftauchen, wenn ihnen ein Malheur passiert ist, suchen sie in ihrer Not nach plausiblen Ausreden, erfinden die reinsten Räuberpistolen oder lügen, ganz schlicht gesagt. Selbst ganz normale, alltägliche Konflikte werden der guten Stimmung wegen nicht ausgetragen, sondern weggedrückt.

Was dann außerhalb der Familie passiert, können wir uns ganz gut ausmalen. Statt den eigenen Willen, eigene Wünsche und Bedürfnisse zu formulieren, bieten die Kinder schon im Vorfeld von Konflikten Kompromisse an und akzeptieren schließlich auch noch die für sie schlechteste Lösung. So bleiben sie im Streitfall häufig auf der Strecke, weil sie den Streit (im besten Sinne des Wortes) nie gelernt haben.

Schlagen Sie mal richtig Krach! Lassen Sie nicht zu, daß Ihnen die anderen aus lauter Harmoniebedürfnis auf der Nase herumtanzen. Oder sind Sie etwa derjenige, welcher…? Denken Sie daran: Kein Tag ist wie der andere! Kämpfen Sie für Ihr gutes Recht auf schlechte Laune (und vergessen Sie nicht: Dieses Recht haben auch die anderen). Ein kräftiges Gewitter reinigt.

Survival für Mütter

Ihre Kinder werden Ihnen manchmal die letzte freie Minute rauben. Aber trösten Sie sich: Sie sind da nicht alleine. Haben Sie schon einmal daran gedacht, sich mit anderen Eltern, Müttern, Vätern zusammenzutun, um das Problem besser in den Griff zu bekommen? Der Hausmann, der erziehende Vater, ist ja leider immer noch die Ausnahme von der Regel: ein Exot. Die frühere Chefsekretärin, die Fremdsprachenkorrespondentin, Lehrerin, Kauffrau oder was auch immer gibt vollkommen selbstverständlich ihren Job auf — und damit ihre Selbständigkeit, ihr eigenes Einkommen. Der neue Beruf heißt Mutter. Und der neue Job läßt kaum Zeit für individuelle Wünsche und Bedürfnisse. Was tun?

Wir wollen jetzt nicht darüber streiten, welches riesige Glück die Mutterschaft mit sich bringt. In einer partnerschaftlichen Ehe oder Beziehung sollte allerdings dem Partner klar sein, daß die Mutter, wenn sie (und sei es nur vorübergehend) aus ihrem Beruf aussteigt, ein großes Opfer bringen muß. Arbeitsteilung ist angesagt. Der Göttergatte (oder Partner, bitte, warum nicht) darf sich nicht etwa darauf zurückziehen, daß er ja das Geld beschafft. Notfalls, liebe Mutti, mußt Du eben andere Saiten aufziehen. Je früher dieses solidarische Prinzip gemeinsam entwickelt und zur Selbstverständlichkeit wird, um so besser. Möglich ist ja immerhin auch, daß Vater und Mutter eine Teilzeitbeschäftigung aufnehmen. Viele Männer reagieren schon allergisch, wenn auch nur so ein Vorschlag gemacht wird. Warum eigentlich?

Ganz tragisch wird's natürlich, wenn etwa aus finanziellen Gründen die Mutter gezwungen ist, weiterhin zu arbeiten. Die Doppelbelastung — Kindererziehung, Haushalt und Job — sollten Frauen nicht mehr duldend hinnehmen (auch wenn die Duldsamkeit gern und immer wieder als eine besondere weibliche Tugend von interessierter Seite propagiert wird), sondern die Arbeitsteilung konkret einfordern. Will sagen: Es zeigt sich, daß oft weniger die Kinder das Problem sind, sondern eher der Mann. Also: Survival für Mütter!

Ob der Mann nun immer wie gewünscht mitzieht oder nicht: Er ist ja bei aller Liebe nicht der einzige auf der Welt. Überlegen Sie doch mal, wieviel Müttern es vermutlich ähnlich geht wie Ihnen. Sie treffen sie gleich nebenan: auf Spielplätzen und im Laden, in der Nachbarschaft, bei Kinderärzten oder in der Mütterberatung, in Vereinen und bei diversen Veranstaltungen im Stadtteil und auf der Straße. Das leicht erkennbare Los des Kinderwagenschiebens verbindet sie. Sprechen Sie sie an, auch wenn's Ihnen vielleicht schwerfällt, zu wildfremden Menschen Kontakt aufzunehmen. Die anderen Frauen haben möglicherweise das gleiche Problem wie Sie. Wer traut sich zuerst? Oder geben Sie eine Anzeige auf in einer der lokalen Stadtzeitungen, die es heute überall gibt, heften Sie eine kleine Notiz an Pinnwände. Ich bin sicher, es klappt! Die Vorteile liegen ja für alle Beteiligten auf der Hand. Möglich, daß sich zunächst nur ein oder zwei Mütter finden, doch vielleicht sind es auch mehr. Man kann eine Krabbelgruppe gründen, Eltern-Selbsthilfe organisieren, zum Beispiel, wenn die Kindergartenplätze knapp sein sollten, vielleicht gar einen privaten Kindergarten ins Leben rufen. Alles schon dagewesen, alles möglich! Initiative ist die wichtigste Voraussetzung, dem Dasein als ›grüne Witwe‹ zu entrinnen. Wenn Sie erst einmal den ersten Schritt getan haben, werden Sie sehen, wie einfach das letztlich ist, und sich fragen, warum Sie denn da nicht früher drauf gekommen sind. Man kann gemeinsame Ausflüge planen, die Autos gemeinsam nutzen, man kann sich in der Betreuung der Kinder wenigstens mal für ein paar Stunden ablösen. Kooperation, Rat und gegenseitige Hilfe ist die Devise. Warum nicht auch zusammen das Mittagessen kochen oder Einkäufe im Wechsel organisieren, bei Hausaufgaben helfen, Kinder hüten, Babysitten, damit die Eltern endlich mal wieder gemeinsam ausgehen können?

Ob es nun immer gleich eine Selbsthilfegruppe sein muß, ob es sich um eine lockere Beziehung zu einer Nachbarin handelt, ob man Babysitter anheuert oder verwandtschaftliche Bindungen stärker pflegt: Alles ist ja nicht nur für Sie selbst, die nun vielleicht wieder ein wenig Zeit für sich selbst haben, wichtig, sondern auch für die Kinder förderlich, weil es nun mehrere Bezugspersonen gibt, neue Spielgefährten und Freundschaften.

für Mütter:

Fragen Sie Ihren Mann nicht um Erlaubnis.

Die fahrbaren Untersätze

Das eigentliche Problem dieser Welt ist natürlich nicht das Auto, sondern der Parkplatz. Wenn Sie das Pech haben, in einer autoträchtigen Gegend zu wohnen, können Sie ja ein Lied davon singen. Mittlerweile ist die Emanzipation ja schon so weit fortgeschritten, daß einem die eigene Frau den Parkplatz streitig macht, von den Söhnen und Töchtern und ihren Rostbeulen ganz zu schweigen. In einer mobilen Gesellschaft treten nun mal derlei Probleme auf — wir dürfen sie nur nicht überbewerten. Ein altes Fahrzeug kann das kinderlose Paar ohne Schwierigkeiten beim Kauf eines Neuwagens in Zahlung geben — Sie müssen sich das längst abschminken: Die Kids warten hoffnungsvoll auf die ersten Schäden, um endlich umzusteigen. Wenn Sie sich querstellen, ist der Schaden möglicherweise noch größer — dann müssen Sie die Schlüssel für den eigenen Wagen ab und an rausrücken, wenn Sie ein Drama am Wochenende vermeiden wollen. Statten Sie daher Ihre Kinder rechtzeitig mit guten Fahrzeugen aus, Sie ersparen sich ärgerliche Debatten oder gar Erpressungsversuche. Für das Auto tun Kids heute alles!

Wenn Sie genau nachdenken, fällt es Ihnen wieder ein: Mit dem Dreirad hat alles angefangen. Da haben Sie Ihren entscheidenden Fehler gemacht. Nach dem Dreirad (bereits im klassischen Stil moderner Automobile, Kostenpunkt schlaffe 180 Mark) kamen in kurzer Folge zwei Kinderfahrräder (260 Mark das erste, zu billig, 550 das zweite, zu teuer), dann das erste Tourenrad (700 Mark), dicht gefolgt vom zweiten (950 Mark) und dem Rennrad

(1450 Mark). Macht zusammen 4090 Mark. Die Unterhaltungskosten für diese fahrbaren Untersätze aller Art vernachlässigen wir mal, rechnen aber eben kurz den Zinsverlust vom Beginn der ersten Anschaffung an hoch: rund 3000 Mark, zusammen also 7000 Mark, wenigstens. 7000 Mark stehen jetzt in der Waschküche rum und rosten still vor sich hin.

Als vor Jahren die ersten Diskussionen um die angeblich gefährdete Umwelt aufbrandeten und selbst seriöse Medien sich nicht zu fein waren, im einen oder anderen Beitrag mal die Öko-Sau rauszulassen, und tote Wälder an die Wand malten, da fing alles an. Irgendwann erreichten diese Debatten auf dem Umweg über gesellschaftliche Einflüsse auch fernab von allem Bösen wohnende Familien. Von oben herab, mit dreisten, gesunden Gesichtern, aus dem Fahrradsattel, blickten plötzlich die eigenen Töchter und Söhne auf den elterlichen Fuhrpark. Harmonie ade! Selbst Eingriffe in die Intimsphäre waren unumgänglich: Brötchen mußten zu Fuß geholt werden, der Einkauf verlagerte sich vom Super- zum Wochenmarkt: Papa mit Körbchen, Bio-Karotten kaufend. Die Zeit heilt alle Wunden, sagt das Sprichwort. Wer an einen vorübergehenden Naturschub geglaubt hatte, wurde rasch eines Besseren belehrt. Eines Tages lauerten die Kinder den Eltern mit der Drohung auf, bei nächster Gelegenheit grün zu wählen, wenn nicht dem geforderten radikalen Wandel im elterlichen Bewußtsein endlich größere Taten folgen würden. Um das Schlimmste zu verhindern und um den lieben Familienfrieden nicht mehr als die Umwelt zu gefährden, entschlossen Sie sich damals vielleicht auch, eigene Fahrräder anzuschaffen (4200 Mark, zusammen).

Geschenkt, wäre es dabei geblieben! Die Anschaffung wind- und wetterfester Kleider, umfänglichen Karten- und Radwegematerials kam hinzu, dann die laufenden Wartungskosten, der sicherheitstechnisch unumgängliche

Einbau neuer Halogen-Lampen, vor allem aber die Fahrten ins Büro, zu Partys, die sonntäglichen Ausflüge — allesamt reinste Torturen! In den Garagen stehen rostend gut gewienerte Mittelklassewagen, nur für den Notfall, den Sie sich manchmal herbeiwünschen.

Man hat sich ans Fahrrad gewöhnt, auch als etwas älterer Mensch. Es gibt designmäßig gut gestaltete Fahrradklammern für die Hosen, in den praktischen Satteltaschen findet ein Laptop ebenso Platz wie das Mobiltelefon oder der Smoking, falls es der Anlaß erfordern sollte. Sie gelten mittlerweile als ein ganz besonderer Snob, was dem Image eher Auftrieb gibt. Die Räder in ihren bunten Farben machen insgesamt einen durchaus schmucken Eindruck und sind gegen Diebstahl gut versichert.

Die Zeit heilt alle Wunden. Der letzte Zusammenstoß (mit einer Straßenbahn anläßlich eines Messebesuchs in München) ist längst vergessen. Was Ihnen Sorgen macht, ist der Sohn, unterwegs in Ihrem Wagen. Keine Angst, die Jugendlichen von heute sind ziemlich reaktionsschnell, und es muß ja nicht immer gleich das Schlimmste passieren. Und wenn, dann fetten Sie mal am Wochenende sein Tourenrad — als Überraschung, wenn er aus dem Krankenhaus kommt.

Reminiszenzen

Es ist hin und wieder ganz nützlich, wenn wir uns als Erwachsene daran erinnern, womit man uns als Kinder plagte, was wir nicht ausstehen, nicht leiden konnten. Bei der einen waren es die Spaziergänge im Sonntagsstaat an der Hand, immer an der Hand der Großen, beim anderen das ›Geschniegelt-und-Gebügelt-Sein‹ mit immer schön gekämmten Haaren und geputzten Schuhen. Zu den Horrorerlebnissen aus Kindertagen zählen ›gesellschaftliche‹ Essen, bei denen man nicht mal niesen durfte, andächtige Museumsrundgänge an Regentagen, die kein Ende nahmen, oder Besuche bei mißliebigen Verwandten. Wie gern denkt man da an das Hallo bei Tante Erna, die man nun erfreulicherweise nicht mehr besuchen muß, weil sie irgendwas in den falschen Hals gekriegt hat. Es war nicht mehr als dieser harmlose, kindlich-fröhliche, aber offene Gruß: »Guten Tag, Tante Erna. Meine Güte, du wirst ja immer fetter!«

Vielleicht sind solche flotten Sprüche die Rache der Kinder für die vielen lästigen Ermahnungen, von denen es endlose Folgen gibt: »Sitz doch bitte endlich einmal still. Jetzt zappel doch nicht dauernd herum. Halt doch die Beine ruhig, das ist ja furchtbar. Mußt du immer mit den Fingern trommeln?« Wisse: Manche Eltern würden ihr Kind am liebsten festnageln!

Gelegentlich sollten wir deshalb auch unsere positiven Kindheitserlebnisse hervorkramen, und wenn sie noch so tief verschüttet sind. Der Bau eines Staudamms am Bachbett, das Spiel im Schlamm, das Rennen durch warme Regenpfützen, Barfußlaufen, Nachtwanderungen, Zelten in freier Natur, das erste Rad, Urlaub allein, ohne Eltern …

Komisch, daß uns trotzdem nichts Neues einfällt. Wir haben unseren Kindern gegenüber fast die gleichen faulen Ausreden parat wie seinerzeit unsere Eltern. Es muß schon verdammt schwer sein, nachzuvollziehen, was Kinderherzen bewegt. Ich will ja gern zugeben, daß mich Schlamm heute eher an Klärschlamm erinnert, schwermetallversetzt, daß ich beim Bach sofort an allerlei legale oder illegale Einleitungen denke und dem Kleinen, der hier trinkt, sofort den Magen auspumpen ließe. Beim Gedanken an radfahrende Kinder sehe ich nur Sattelschlepper vor mir und höre die schrillen Signale des Martinshorns. Schlimme Zeiten, und alles in allem nicht eben ein guter Ausgangspunkt für Survival. Aber mein Freund Jochen spendet Trost. Er klemmt sich seine Töchter unter den Arm und fährt mit einer Bimmelbahn ins Grüne. Dann wird ein Fahrrad gemietet und eine Tour durch Wald und Heide gemacht. Wo die Wiesen am saftigsten sind, wird wie Anno Dunnemal das Zelt ausgepackt, ein Feuerchen gemacht, und schon bald braten am Stock eine Handvoll frisch geklauter Kartoffeln. Ganz unter uns: Da kann Teneriffa aber einpacken.

Vergessen Sie dieses Jahr mal den verdienten Komforturlaub und pumpen Sie lieber die Räder auf. Dann fragen Sie Ihre Mutter, wo eigentlich das alte Hauszelt geblieben ist. Wenn alles nicht klappt, kriegen Sie von mir Jochens Adresse.

Ende gut, alles gut

Kein Schlußwort, liebe Leserin, liebe Leser, aber ganz große Gratulation! Wie sind Sie glücklich bis hierher gekommen? Jetzt kann ich Ihnen ja verraten, was meine Großmutter immer zu sagen pflegte, wenn Erziehungsprobleme auftraten: »Wie man's macht, ist es falsch.« Das gilt natürlich noch viel mehr für alles, was mit unserem Überleben zusammenhängt. Insoweit erlaube ich mir jetzt schon, alle möglichen und unmöglichen Schadensersatzforderungen, die Sie gegen mich stellen könnten, abzulehnen. Risiken und Nebenwirkungen, die sich nachweisbar auf die Lektüre dieses Buches beziehen, tragen Sie selbst.

Aber unabhängig von Ihren und meinen großen und kleinen Sorgen habe ich eine herzliche Bitte an Sie: Treten Sie für Ihr Kind und seinen Lebensraum ein, nicht nur in den eigenen vier Wänden. Treten Sie auch dann für Ihr Kind, für Kinder überhaupt ein, wenn Ihnen mal ein scharfer und unbequemer Wind um die Nase wehen sollte. Wir leben in einer kinderfeindlichen Gesellschaft. Trotz unseres Reichtums gibt es Mangel — hier fehlen Spielplätze und Kindergärten, da bessere Schulen, sichere Verkehrswege oder Spielstraßen. Wo sind in unseren Städten die Sandkästen, die keine Hundeklos sind? Wo haben unsere Kinder Platz, um sich auszutoben? Wie viele Höfe, in denen nicht gespielt werden darf, wie viele Parks, in denen Radfahren verboten ist, wie viele Wiesen, die nicht betreten werden dürfen.

Kinder haben keine Lobby, sagt man. Es liegt an uns, den ›Großen‹, das zu ändern. Ein wenig Engagement für die Kleinsten und Schwächsten im Lande stünde dieser Gesellschaft, uns allen, gut an. Das geht manchmal nicht ohne Konflikte — mit Hausmeistern und Hausbesitzern, mit Nachbarn und bürokratischen Ämtern. Mischen wir uns also ein, übernehmen wir ein wenig mehr Verantwortung. Das wahre Überlebenstraining für Eltern beginnt hier. In diesem Sinne

Peter Grohmann

Meine Buchempfehlungen

Bruno Bettelheim, Kinder brauchen Märchen, München 1985, dtv

M. Borchert u. a., Schulen, die ganz anders sind, Frankfurt/Main 1979, Fischer

Ekkehard von Braunmühl, Zeit für Kinder, Frankfurt/Main 1978, Fischer

Hartmut von Hentig, Die Krise des Abiturs, Stuttgart 1980, Klett

Janusz Korczak, Das Recht des Kindes auf Achtung, Göttingen 1979, Vandenhoeck und Ruprecht

Alice Miller, Das Drama des begabten Kindes, Frankfurt/Main 1979, Suhrkamp

Boris und Lena Nikitin, Vom ersten Lebensjahr bis zur Schule, Köln 1982, Kiepenheuer & Witsch

Maja Riepl-Schmidt, Wider das verkochte und verbügelte Leben, Stuttgart 1990, Silberburg

Horst Speichert/Bernhard Schön (Hg.), Eltern-Lexikon, Hamburg 1980, Rowohlt

Materialien des Deutschen Kinderschutzbundes, der Aktion Humane Schule, des Bundesverbands Neue Erziehung und der Verbraucher-Initiative

Hilfe beim Survival

Auskünfte und Informationen — hier eine Adressenübersicht (ohne Anspruch auf Vollständigkeit). Weitere (regionale oder örtliche) Anschriften finden Sie sicherlich in Ihrem Telefonbuch.

Abitur:

Büro der Kultusminister, Nassestr. 8, 5300 Bonn 1 (☏ 0228/5010)

Alleinerziehen:

Verband Alleinstehender Mütter und Väter — Bundesverband e.V., Von-Groote-Platz 20, 5300 Bonn 2 (☏ 0228/659979)

Allergien:

Arbeitsgemeinschaft allergiekrankes Kind, Hauptstr. 29/II, 6348 Herborn (☏ 02772/41237)

Beratung, Infos:

Bundesministerium für Jugend, Familie, Frauen und Gesundheit, Postfach, 5300 Bonn 1 (☏ 0228/9300)

Erziehung:

Bundesverband Neue Erziehung e.V., Oppelner Str. 130, 5300 Bonn 1 (☏ 0228/6685114)

Familien helfen Familien:

Institut Frau und Gesellschaft, Goethestr. 29, 3000 Hannover 1 (☏ 0551/911990)

Gesamtschule:

Gemeinnützige Gesellschaft Gesamtschule e.V. (GGG), Postfach 1307, 2960 Aurich 1 (☎ 04941/18777)

Grundschule:

Arbeitskreis Grundschule, Postfach 900148, 6000 Frankfurt/M. 90 (☎ 069/776006)

Hausgeburt:

Bund freiberuflicher Hebammen, Am Bahnhof 1, 6301 Staufenberg 3 (☎ 06406/5577)
Bund deutscher Hebammen e.V., Postfach 1724, 7500 Karlsruhe (☎ 0721/27476)
Beratungsstelle für natürliche Geburt und Eltern-Sein e.V., Häberlstr. 17, 8000 München 2 (☎ 089/532076)

Humane Schule:

Aktion Humane Schule, Gudrun Pfitzer, Eugen-Bolz-Str. 13, 7080 Aalen (☎ 07361/41858)
Dr. Marianne Roemmich, Mauerkircherstr. 104, 8000 München 81 (☎ 089/981770)

Internationale Kinderhilfe:

terre des hommes, Postfach 4126, 4500 Osnabrück (☎ 0541/71010)

Jugendgruppen, Jugendfreizeit:

Bund Deutscher Pfadfinder, Mainzer Landstr. 147, 6000 Frankfurt/M. (☎ 069/736058)
Deutscher Bundesjugendring, Haager Weg 44, 5300 Bonn 1 (☎ 0228/285025)
sowie Stadt-, Kreis- und Landesjugendringe und Jugendämter der Kommunen

Kinderschutzbund:

Deutscher Kinderschutzbund, Drostestr. 14—16, 3000 Hannover 1 (☎ 0511/662056)
sowie Ortsverbände

Kriegsdienstverweigerung:

Zentralstelle für Recht und Schutz der Kriegsdienstverweigerer aus Gewissensgründen e.V., Dammweg 18, 2800 Bremen 1 (☎ 0421/340025)

Lesen mit Kindern:

Deutsche Lesegesellschaft, Raimundistr. 2, 6500 Mainz (☎ 06131/672085)
Arbeitskreis für Jugendliteratur e.V., Schlörstr. 10, 8000 München 19 (☎ 089/1684052)

Lesen und schreiben lernen:

Prof. Brügelmann, Postfach 330440, 2800 Bremen

Pseudo-Krupp:

Elterninitiative Pseudo-Krupp, Josef-Hoeren-Str. 259, 4300 Essen 12 (☎ 0201/351957)

Sanfte Geburt:

Dr. Sießl, Amtsstr. 1, 6719 Kirchheimbolanden (☎ 06352/4532)
St.-Vinzenz-Hospital, Dr. Goos, 4840 Rheda-Wiedenbrück (☎ 05242/5910)

Schwerhörigkeit:

Klinik für Kommunikationsstörungen der Johannes-Gutenberg-Universität Mainz, Langenbeckstr. 1, 6500 Mainz 1 (☎ 06131/172473)

Gehörlosenschule mit Heim, Homburgerstr. 20, 6360 Friedberg/Hessen (☏ 06031/9360)
Bundesgemeinschaft der Eltern und Freunde schwerhöriger Kinder e.V., Pirolkamp 18, 2000 Hamburg 65 (☏ 040/6070344)

Selbsthilfegruppen:

Bundesarbeitsgemeinschaft Elterninitiativen e.V. (BAGE), zu erreichen über »Die Mitarbeit«, Einsteinstr. 111, 8000 München 80 (☏ 089/4706503)

Tagesmütter:

Arbeitsgemeinschaft Tagesmütter, Bundesverband der Eltern, Pflegeeltern und Tagesmütter e.V., Bödekerstr. 85, 3000 Hannover 1 (☏ 0511/628114)

Umwelt:

Kind und Umwelt, Verbraucherinitiative, Postfach 1746, 5300 Bonn
Informationsdienst Chemie und Umwelt, Hindenburgstr. 20, 7800 Freiburg
Umweltbundesamt, Bismarckplatz 1, W-1000 Berlin 33

Verkehr:

Deutscher Verkehrssicherheitsrat »Kind und Verkehr«, Obere Wilhelmstr. 32, 5300 Bonn 3 (☏ 0228/400010)

Wohnen mit Kindern:

Verbraucher-Zentrale, Herrenstr. 14, 3000 Hannover 1 (☏ 0511/9119601)

Zappelphilipp:

Kontaktadresse Roswitha Wirtz, Flemingstr. 13, 5166 Kreuzau